美国社会的"第三者"

杨建英　著

吉林大学出版社

图书在版编目(CIP)数据

美国社会的"第三者" / 杨建英著. -- 长春 : 吉
林大学出版社, 2017.8
ISBN 978-7-5692-0779-8

Ⅰ.①美… Ⅱ.①杨… Ⅲ.①非政府组织 – 研究 – 美
国 Ⅳ.①D771.264

中国版本图书馆CIP数据核字(2017)第224789号

美国社会的"第三者"
MEIGUO SHEHUI DE DISANZHE

作　　者　杨建英　著
策划编辑　朱　进
责任编辑　朱　进
责任校对　高桂芬
装帧设计　美印图文
出版发行　吉林大学出版社
社　　址　长春市人民大街4059号
邮政编码　130021
发行电话　0431-89580028/29/21
网　　址　http://www.jlup.com.cn
电子邮箱　jlup@mail.jlu.edu.cn
印　　刷　廊坊市海涛印刷有限公司
开　　本　787mm×1092mm　1/16
印　　张　13
字　　数　186千字
版　　次　2018年1月第1版
印　　次　2018年1月第1次印刷
书　　号　ISBN 978-7-5692-0779-8
定　　价　46.00元

前　言

美国的非政府组织诞生于社区生活的发展，其基本宗旨就是满足社区居民的需要。此类组织从18世纪开始出现，19世纪后逐渐走向繁荣。目前，美国非政府组织有100万个以上，人民常说美国是"小政府，大社会"，政府主要负责的是国家的宏观管理，社会生活的具体和细微方面，主要是非政府组织在扮演组织者和协调者的角色。政府和非政府组织并不对立，同时也不是孤立的，非政府组织对于政府的管理起到了辅助的作用。

美国建国前就有一些非政府组织，如1724年美国第一个专业性团体"费城木匠协会"成立；1743年富兰克林成立了美国最早的科学协会"美国哲学会"；1762年新英格兰地区的蜡烛工人协会成立。美国独立后，其宪法便规定了保障公民结社的自由。

早在19世纪，法国政治学家托克维尔便在其大作《论美国的民主》一书中论述了美国在非政府组织上的特点："美国人不论年龄多大，不论处于什么地位，不论志趣是什么，无不时时在组织社团。在美国，不仅有人人都可以组织的工商团体，而且还有其他成千上万的社团。既有宗教团体，又有道德团体；既有十分认真的团体，又有非常无聊的团体；既有非常一般的团体，又有非常特殊的团体；既有规模庞大的团体，又有规模甚小的团体。为了举行庆典、创办神学院、开设旅店、建立教堂、销售图书、向边远地区派遣教士，美国人都要组织一个团体。他们也用这种办法建立医院、监狱和学校。在想传播某一真理或以示范的办法感化人的时候，他们也要组织一个团体。在法国，凡是创办新的事业，都由政府出面；在英国，则由当地的权贵带头；在美国，你会看到人们一定组织社团。"[1]

20世纪以来，美国走上了福利国家的道路，但是美国政府在为国民提供福利方面发挥的作用却非常有限，大多数公益事业是由非政府组织来完成的。据统计，美国共有113万多个非政府组织活跃在人们生活中的方方面面。比如，提供买房、租房服务的经纪人，必须遵循全国房地产经纪人协会的规定活动；提供早餐产品的制造商，必须遵循美国糖尿病协会、心脏病协会或其他全国性卫生组织公布的指南；为学生服务午餐食品的学校，必须按照全美学校食品服务协会的规定等等。可以说，非政府组织存在于美国人每天从早到晚的生活中，如果没有了非政府组织美国或许就不是美国了。

冷战后初期的1946年，美国只有约20万个非政府组织，这些组织分布于美国各地，出现在人们生活的方方面面。由于社会公益事业的发展和优惠税收政策的刺激，40年间美国的非政府组织数量激增了五倍，到20世纪80年代已经达113万左右，而且每年大约新增6万个。此外，还有约100万个不注册的不具有法人地位的非营利组织。在这里工作的专职雇员，大约为六百万到七百万人（占全国劳动力总数的5%~6%），这些组织从政府与社会各方面获得资助、捐

---

[1] [法]夏尔·阿列克西·托克维尔：《论美国的民主》，董果良译，商务印书馆1997年2月版，第635-636页。

赠，连同自己的事业收入，约占全国国民生产总值的6%~8%。

经过长期的发展，美国非政府组织整体结构比较合理，涉及社会生活的各方面。美国现有非营利性的医院5000多个，私立大学2000多个，民间基金会45000多个。

为维护非政府组织的权益，加强横向联合，各类公益组织均成立了协会。联系面最广的要数"美国非营利组织协会"，它是由各种民间基金会、科技社团、大学、非营利医院、博物馆等各类非政府组织参加的联合组织，现有团体会员600多个，包括代表民间基金会的"美国基金委员会"、代表科技社团的科促会、代表非营利医院的医院委员会等等。该联合组织的任务是联合起来反映非政府组织的普遍要求，提高公益性组织的社会地位，争取应得的法律保障，让政府给这类组织更多的扶助，其具体工作非常广泛，比如开展政府组织的联谊活动，研究政府预算与非营利事业的关系，开展专题调查交流活动，出版刊物，制造舆论，反映情况等。

20世纪六七十年代，美国的许多非政府组织从传统的强调人道主义救助转向有关"授权"的新重点。日益重视采取这种方法的的非政府组织有洛克菲勒基金会、福特级进化等。

官方的援助机构也在很大程度上帮助了一些非政府组织的建立并进行活动。60年代以来，美国国会对美国政府对外援助项目的批评促使美国政府逐渐将对外援助的重点放到了提高第三世界贫困人口参与社会活动上，并强调资助当地组织和要求以美国为基地的组织同他们一道工作。许多官方机构也在孤立某些抓哪像的社会组织成立并开展工作。世界银行除了每年给私人志愿组织以经济援助外，还建立了一个有第三世界成员广泛参与的志愿性组织咨询委员会。

美国为了实现战略上的目的，不但从政府政策上，而且从法律上为非政府组织在一定限度内的发展开了绿灯。美国总统里根曾经通过对外援助部门的支持，成功地削减了政府开支。

美国的非政府组织可以分为会员性组织和公益性组织两大类。

美国的会员性组织是人们为了维护共同利益或追求共同兴趣的组织，包括专业组织、社交联谊组织、互助合作组织和其他组织，总数大致有74万个。其中，专业组织约有14万个，主要包括商会、贸易协会、律师协会、银行家协会、工会等；社交联谊组织约有20.6万个，主要包括业余爱好者俱乐部、房主协会、兄弟会、姐妹花、退伍军人协会等；互助组织约有3.8万个之多，主要包括法律援助团体、教师退休基金、互助保险公司、公墓管理公司、农业合作社等；其他组织约有0.6万个，主要包括所有权凭证管理公司、依据国会法设立的公司等。

美国的公益性组织是人们为了向社会提供公共服务而建立的组织，他们的活动领域形形色色、五花八门，有的提供教育机会、有的赞助文化团体，有的推动某项事业，有的援助穷人或残疾人等。这类组织大体上又可以分为四类：资金中介组织、宗教组织、服务性组织、社会福利组织。其中，资金中介组织在美国所有公益性组织中名气最大，但数量并不多，约有3.5万个；该类组织并不直接提供公益服务，而是筹措资金、管理基金、向其他非政府组织提供捐助等；该组织主要包括基金会、联合筹款组织、专业筹款组织三种形式。宗教组织数量巨大，约有35万个，包括基督教会、天主教会、清真寺、犹太教会、摩门教会等各类宗教团体。服务性组织约有22万个，他们大体上可以分为五部分，即医疗服务（包括医院、诊所、家庭医疗中心及专门病治疗机构等，美国约有一半以上的医院是私立的非营利机构）、教育（包括中小学、大学、图书馆、职业学校、非营利研究机构和其他相关的教育服务机构，美国约有一半的大学是私立非营利机构）、社会与法律服务（包括个人和家庭社会服务、就业培训、居民服务、托儿服务、法律援助等，美国有三分之二的社会服务机构是私立非营利机构）、公民权益组织（包括推促组织、民权组织、邻里互助组织等，这些组织在社会生活中发挥了广泛而深刻的作用，比如民权运动、环保运动、消费者保护运动、妇女解放运动、同性恋权利保护运动等）、文化艺术服务（包括乐队、交响乐团、剧院、博物馆、艺术院、动物园、植物园等，美国几乎所有的交响乐团和70%以上的博物馆和艺术馆是私立非营利性机构）。

20世纪90年代，我国学术界对非政府组织的研究开始起步。进入21世纪，非政府组织在发展中国家迅速兴起，有关非政府组织的研究成果也随之增加。但是关于国别非政府组织的研究还比较薄弱。本书选择了部分专家和年轻学者关于美国非政府组织的研究成果，以期进一步推动对美国非政府组织的深入研究。在此，特向相关作者表示感谢。

目　录

第一章　试析美国的非政府组织

一、美国非政府组织的产生

美国的非政府组织诞生于社区生活的发展，其基本宗旨就是满足社区居民的需要。此类组织从18世纪开始出现，19世纪后逐渐走向繁荣。目前，美国非政府组织有100万个以上，人民常说美国是"小政府，大社会"，政府主要负责的是国家的宏观管理，社会生活的具体和细微方面，主要是非政府组织在扮演组织者和协调者的角色。政府和非政府组织并不对立，同时也不是孤立的，非政府组织对于政府的管理起到了辅助的作用。

二、美国非政府组织的历史

美国建国前就有一些非政府组织，如1724年美国第一个专业性团体"费城木匠协会"成立；1743年富兰克林成立了美国最早的科学协会"美国哲学会"；1762年新英格兰地区的蜡烛工人协会成立。至于美国独立后，其宪法便规定了保障公民结社的自由。

早在19世纪，法国政治学家托克维尔便在其大作《论美国的民主》一书中论述了美国在非政府组织上的特点："美国人不论年龄多大，不论处于什么地位，不论志趣是什么，无不时时在组织社团。在美国，不仅有人人都可以组织的工商团体，而且还有其他成千上万的社团。既有宗教团体，又有道德团体；既有十分认真的团体，又有非常无聊的团体；既有非常一般的团体，又有非常特殊的团体；既有规模庞大的团体，又有规模甚小的团体。为了举行庆典、创办神学院、开设旅店、建立教堂、销售图书、向边远地区派

1

遣教士，美国人都要组织一个团体。他们也用这种办法建立医院、监狱和学校。在想传播某一真理或以示范的办法感化人的时候，他们也要组织一个团体。在法国，凡是创办新的事业，都由政府出面；在英国，则由当地的权贵带头；在美国，你会看到人们一定组织社团。"[1]20世纪以来，美国走上了福利国家的道路，但是美国政府在为国民提供福利方面发挥的作用却非常有限，大多数公益事业是由非政府组织来完成的。据统计，美国共有113万多个非政府组织活跃在人们生活中的方方面面。比如，提供买房、租房服务的经纪人，必须遵循全国房地产经纪人协会的规定活动；提供早餐产品的制造商，必须遵循美国糖尿病协会、心脏病协会或其他全国性卫生组织公布的指南；为学生服务午餐食品的学校，必须按照全美学校食品服务协会的规定等等。可以说，非政府组织存在于美国人每天从早到晚的生活中，如果没有了非政府组织美国或许就不是美国了。

三、冷战后美国非政府组织的发展

冷战后初期的1946年，美国只有20万个非政府组织，这些组织分布于美国各地，出现在人们生活的方方面面。由于社会公益事业的发展和优惠税收政策的刺激，40年间美国的非政府组织数量激增了五倍，到20世纪80年代已经达113万个左右，而且每年大约新增6万个。此外，还有约100万个不注册的不具有法人地位的非营利组织。在这里工作的专职雇员，大约为六百万到七百万人（占全国劳动力总数的5%~6%），这些组织从政府与社会各方面获得资助、捐赠，连同自己的事业收入，约占全国国民生产总值的6%~8%。

经过长期的发展，美国非政府组织整体结构比较合理，涉及社

[1]　[法]夏尔·阿列克西·托克维尔.论美国的民主.董果良，译.北京：商务印书馆，1997：635-636.转引自《外国非政府组织概况》，中国现代国际关系研究院课题组，时事出版社。

会生活的各方面。美国现有非营利性的医院5000多个，私立大学2000多个，民间基金会45000多个。

为维护非政府组织的权益，加强横向联合，各类公益组织均成立了协会。联系面最广的"美国非营利组织协会"是由各种民间基金会、科技社团、大学、非营利医院、博物馆等各类非政府组织参加的联合组织，现有团体会员600多个，包括代表民间基金会的"美国基金委员会"、代表科技社团的科促会、代表非营利医院的医院委员会等等。该联合组织的任务是联合起来反映非政府组织的普遍要求，提高公益性组织的社会地位，争取应得的法律保障，让政府给这类组织更多的扶助，其具体工作非常广泛，比如开展政府组织的联谊活动，研究政府预算与非营利事业的关系，开展专题调查交流活动，出版刊物，制造舆论，反映情况等。

20世纪六七十年代，美国的许多非政府组织从传统的强调人道主义救助转向有关"授权"的新重点。日益重视采取这种方法的非政府组织有洛克菲勒基金会、福特基金会等。

官方的援助机构也在很大程度上帮助了一些非政府组织的建立并进行活动。20世纪60年代以来，美国国会对美国政府对外援助项目的批评促使美国政府逐渐将对外援助的重点放到了提高第三世界贫困人口参与社会活动上，并强调资助当地组织和要求以美国为基地的组织同他们一道工作。许多官方机构也在鼓励某些非营利的社会组织成立并开展工作。世界银行除了每年给私人志愿组织以经济援助外，还建立了一个有第三世界成员广泛参与的志愿性组织咨询委员会。

美国为了实现战略上的目的，不但从政府政策上，而且从法律上为非政府组织在一定限度内的发展开了绿灯。当时的美国总统里根曾经通过对外援助部门的支持，成功地削减了政府开支。

3

第一节　美国非政府组织的分类与管理

一、美国非政府组织的分类

美国的非政府组织可以分为会员性组织和公益性组织两大类。

美国的会员性组织是人们为了维护共同利益或追求共同兴趣的组织，包括专业组织、社交联谊组织、互助合作组织和其他组织，总数大约有74万个。其中，专业组织约有14万个，主要包括商会、贸易协会、律师协会、银行家协会、工会等；社交联谊组织约有20.6万个，主要包括业余爱好者俱乐部、房主协会、兄弟会、姐妹花、退伍军人协会等；互助组织有3.8万个之多，主要包括法律援助团体、教师退休基金、互助保险公司、公墓管理公司、农业合作社等；其他组织约有0.6万个，主要包括所有权凭证管理公司、依据国会法设立的公司等。

美国的公益性组织是人们为了向社会提供公共服务而建立的组织，其活动领域形形色色、五花八门，有的提供教育机会、有的赞助文化团体，有的推动某项事业，有的援助穷人或残疾人等。这类组织大体上又可以分为四类：资金中介组织、宗教组织、服务性组织、社会福利组织。其中，资金中介组织在美国所有公益性组织中名气最大，但数量并不多，约有3.5万个；该类组织并不直接提供公益服务，而是筹措资金、管理基金、向其他非政府组织提供捐助等；该组织主要包括基金会、联合筹款组织、专业筹款组织三种形式。宗教组织数量巨大，约有35万个，包括基督教会、天主教会、清真寺、犹太教会、摩门教会等各类宗教团体。服务性组织约有22

万个，大体上可以分为五部分，即医疗服务（包括医院、诊所、家庭医疗中心及专门病治疗机构等，美国约有一半以上的医院是私立的非营利机构）、教育（包括中小学、大学、图书馆、职业学校、非营利研究机构和其他相关的教育服务机构，美国约有一半的大学是私立非营利机构）、社会与法律服务（包括个人和家庭社会服务、就业培训、居民服务、托儿服务、法律援助等，美国有三分之二的社会服务机构是私立非营利机构）、公民权益组织（包括推促组织、民权组织、邻里互助组织等，这些组织在社会生活中发挥了广泛而深刻的作用，比如民权运动、环保运动、消费者保护运动、妇女解放运动、同性恋权利保护运动等）、文化艺术服务（包括乐队、交响乐团、剧院、博物馆、艺术院、动物园、植物园等，美国几乎所有的交响乐团和70%以上的博物馆和艺术馆是私立非营利性机构）。

二、美国非政府组织的种类

美国的社会组织按经济性质可分为三类：政府机构、营利性组织、非营利性组织（非政府组织）。美国的非政府组织约有113万个，按照联邦税法的25种规定（主要是税法501条款），包括如下各类组织：

501（C）1——国会法案批准成立的公司，包括联邦信用联盟在内。

501（C）2——免税的持股公司。

501（C）3——宗教、教育、慈善、科技与文学组织，以及促进国内与国际体育事业和防止虐待儿童与动物的组织。还包括私人基金会。

501（C）4——公民团体，社会福利组织和各地雇员协会。这些组织都在促进社会福利事业、教育和娱乐事业。

501（C）5——劳工、农业和园艺组织。这是一些促进和改善工作条件，提高产量和效率的教育与公益组织。

501（C）6——工商团体、商会、不动产商会以及其他旨在改善一个或数个行业工作条件的组织。

501（C）7——提供娱乐和创造社会环境的社会与娱乐俱乐部。

501（C）8——向会员提供抚恤金、伤病和事故补偿金的互助组织。

501（C）9——志愿雇员互益组织（包括从前被列入501（C）10项下的联邦雇员受益组织），负责向会员提供抚恤金与伤病、事故补偿金。

501（C）10——国内互助团体与协会。此组织将其收入捐助给其他慈善互助组织，而不向自己的会员提供501（C）8项中的各项补偿金。

501（C）11——教师退休金协会。

501（C）12——包括慈善人寿保险协会，互助排灌组织，合作电话公司等按行业划分的互助组织。

501（C）13——殡葬公司，即为成员办理埋葬和其他区丧葬事务的公司。

501（C）14——负责向成员提供贷款的国家特许信用证明，互助储备基金。

501（C）15——按成本向成员提供保险的互助保险公司或协会（只限于纯收入15万美元以下的机构）。

501（C）16——在推销和采购等方面支持农业生产活动的互助组织。

501（C）17——为支持补偿事业报酬救济金的补偿失业救济信托基金。

501（C）18——通过退休计划向会员提供福利金的雇员退休信托基金，该基金会成立于1959年6月2日。

501（C）19——退伍军人协会或其他组织。

501（C）20——预付租金的团体法律服务信托基金。

501（C）21——硅肺病信托基金是为实施"硅肺法案"提供补偿的基金。

501（C）22——经营工商业的宗教团体。

501（C）23——合作医疗服务组织。

501（C）24——为教育事业提供投资的合作组织。

501（C）25——为农场主提供供销服务的农业合作组织。

政府工作部门在登记注册时，对名称也有严格的限定，以防借非营利组织之名行公司之实；国家对这类组织实行优惠的税收政策，因而其会费收入、所得资助、专职工作人员工资标准、收入所得情况均要接受审计，并向有关政府部门报告。

三、美国非政府组织的管理

·登记与注册

在美国，注册非政府组织是在公司法和税法等有关法律的规定下进行的，但是具体方法各州却不尽相同。非政府组织可以自由选择是否注册，不登记的不具有法人资格，不能享受免税待遇。注册后的非政府组织由各州的税务局审定是否享有免税资格。州政府的办公室负责批准，然后由司法局进行注册登记，颁发法人证书。

非营利医院、学校等机构先注册登记取得法人资格，然后经政府有关部门审查批准，领取执业证书。非政府组织如不满意州税务局的批复意见，可以申诉。

州税务局和州政府办公室对非政府组织的章程审定十分严格，要求章程明确规定：所有经营服务收入全部用于与宗旨相关的事业；机构董事长、秘书长的产生方式，举行会议的事件、地点及方式；非政府组织可以接受邮寄方式的捐赠，但不能跨州；非政府组织如在外州开展活动或在外州设立分支机构，应在外州注册，分支机构名称前要冠以母体全称；外国非政府组织与本国非政府组织在登记管理方面是一样的，不仅可以享受税收减免待遇，而且所筹集的资金可以寄往国外。

非政府组织注销时，需要在60日内将账目查清，然后向州政府办公室报告，如果非政府组织不提供任何材料，司法局将通知税务局取消免税资格，并对其资产进行清理评估，如资不抵债将由司法局将现存财产冻结，注销名称。

政府对基金会和公众筹款机构的审批要比一般性社会团体严格得多。

· 财政与税务

1. 政府财政支持

美国的非政府组织只要经注册取得法人地位，就有资格取得政府的资助。由于美国政府主要不直接从事社会公益事业，而是委托给非政府组织，因此非政府组织可以从政府那里申请得到社会公益事业的项目资金。政府的资助方式不是简单地拨款，而是采取项目招标。非政府组织每年要精心选择项目，做出详细的项目报告。如项目内容符合政府的意向，才会得到批准。项目确定后，政府要与非政府组织签订项目协议，并随时对其进行监督管理。项目结束后，非政府组织要进行总结，政府还要验收评估。

2. 税收减免支持

美国联邦税务局负责对非政府组织的所得税和财产税减免。非政府组织免税必须符合联邦税法的规定，即上述的501条款。

美国政府对非政府组织进行宏观管理的重要手段是税法。符合条件的非政府组织每年要向税务部门提出申请，经批准可作为非征税团体。所有取得免税机构资格的非政府组织，不仅要向联邦税务总局提供详细的当年收支报表、项目活动情况，甚至还要提供付给理事会成员的津贴，包括差旅费的数额。税法规定，任何非政府组织，只要经营与该组织的慈善事业无关的活动，就必须按照公司所得税法对其收入照章纳税。因此，美国联邦税务部门每年都要对100多万个非政府组织进行严格审查。联邦税务总局还会根据情况临时决定是否对某一个免税机构进行审查。

3. 监督管理

（1）政府的监督管理

美国对非政府组织进行管理的主要部门有：登记机关、税务机关、审计机关和其他有关主管机关。政府的管理人员经常到非政府组织去检查，并对非政府组织的有关报告进行审查。由33个州的司法部门负责对非政府组织的财产进行监督管理，并拥有仲裁权、处罚权、起诉权，以确保非政府组织的行为规范。此外，美国还委托国家慈善信息局、人类慈善咨询服务组织和宗教事务委员会等机构，制定相应的管理标准，评估非政府组织的运营情况，对非政府组织进行监督管理。

（2）同业组织的监管

美国有众多的非政府组织的同业组织，此类组织既帮助非政府组织维护合法权益，为非政府组织服务，同时又帮助政府监督管理非政府组织，促进非政府组织的自律。这在一定程度上弥补了政府管理的不足，在政府与非政府组织之间起了桥梁作用。

国家慈善信息局是全国性的非政府组织，该组织专门评估公众筹款机构和服务机构的工作成效。这个组织制定了九条评估标准，每个季度出一张季报，将所评估的非政府组织排列出来，逐条评估。每个月，按国家慈善信息局制定的行业标准，在专门公开刊物上公布会员的评估结果，将信息展示给公众，这样给所有会员单位造成很大的压力，敦促其规范行为。

华盛顿非营利研究与咨询机构也是一个典型的非政府组织的同业组织，是一个独立的部门，采取会员制，有众多的会员组织。该机构热心帮助非政府组织与政府加强合作，向政府反映非政府组织的愿望和建议，开展信息交流与社会调查，研究非政府组织的发展趋势，促进非政府组织的行为规范。

（3）社会监管

按照美国对非政府组织监管的"公开原则"，美国政府向社会公开非政府组织的有关档案，尤其公开公益性非政府组织的财务税收状况。而且联邦法律规定，任何人都有权向非政府组织要求查看原始申请文件及前三年的税务报表。同时人们还可以写信给国税局，了解非政府组织的财务情况和内部结构。

（4）行业自律（略）

（5）媒体监督

美国新闻媒体的舆论监督作用很大，效果非常明显。在美国，新闻媒体被称为"第四权力"，是独立于政府、议会、法院以外的"第四部门"，对社会的监督非常有力，当然对于非政府组织而言也不例外。1992年美国联合之路总裁阿尔莫尼被揭露薪水过高并牵涉到其他丑闻，新闻曝光后，最后被判入狱。

· 美国对非政府组织的限制

美国对非政府组织的行为有着严格的限制：

1. 政治限制

由于非政府组织设立的宗旨是为了公益性事业和慈善事业等社会性事业，是为社会和公众谋福利的，而不是政党、团体的政治工具，因此美国规定慈善组织不可以有大量的游说活动，不可以为政治竞选而活动，其他非政府组织亦不能将钱直接用于个人竞选。如向党派或从事政治游说机构捐款，则捐款人和受捐人均不能享受所得税免税优惠，并且受捐机构和个人还必须公布捐款人情况和资金使用情况。

2. 商业限制

非政府组织从事一些经营活动可以免税，但机构本身应具有免税地位。短期活动可以免税，长期活动可能不免；收入用于与宗旨相关的事业可以免税，用于无关的不免税；民间基金会不得拥有企业，不得投资与董事会成员有利益关系的项目，对单个企业股权的拥有比例不得超过26%，一般最低要将5%的当年资产用于公益性活动和项目支出。

3. 严格税务管理

联邦税务局制定了非政府组织的自查标准，先由非政府组织自查，检查的主要内容是年度财务报告，重点单位是民间基金会。非政府组织如实反映活动项目、财务支出以及资产经营损益情况。联邦税务局通过严格审定，认可其下一年度的免税资格，如发现问题，将分别采取罚款、取消免税资格等处罚措施或登记机关取消设立资格。

4. 严格财务审计

美国非政府组织虽然是非营利性的，但其年度财务报告与营利性机构一样，要求很严，标准很高，内容涉及企业的现金开支、财产、债务、证券、抵押等，尤其是对集资的财务管理更为严格。为此，政府专门制定美国注册公共会计师事务所和财务标准董事会对非政府组织的财务进行管理。

·美国法律对非政府组织的管理

有关非政府组织的法律比较健全。

美国已经建立一套比较完整的非政府组织的法律体系,有的法律规定可上溯百年,而且至今还在不断地补充完善。

美国没有专门的非政府组织管理法律,对非政府组织的各种行为的规定均置于相关的法律之中,繁多而细致,大部分人无暇顾及,因而常常依靠专业律师,所以美国有很多的法律服务机构。

美国适用非政府组织的法律有宪法、税法、商法、公司法等等,宪法第一修正案对相关内容有较多规定,这条修正案保护公民言论自由和以和平方式集会向政府请愿的自由。此外,由于美国是联邦制国家,各州有独立的法律,各州关于非政府组织的法律规定略有不同,但都是联邦法律的延伸。

·美国对非政府组织的监督

美国奉行的是多元主义体制。美国主要通过政府监督、独立的第三方评估、同行互律、媒体与公众监督以及非政府组织的自律来确保非政府组织的非营利性。

1.政府监督

在法律上,政府拥有对非政府组织进行监督和管理的权力,美国各级政府主要通过行政、立法和司法部门来确保非政府组织的非营利性。立法部门主要负责非政府组织相关法律的起草工作;司法部门负责对非政府组织在各种法律上的争议和对指控违法行为进行裁定;行政部门负责非政府组织的登记注册和减免税待遇,负责对非政府组织的监督和管理。在具体操作上,美国国家税务局负责对非政府组织减免税的裁决,负责监督非政府组织的财务情况。美国国家税务局每年会对一些非政府组织的财务情况进行审定,对严重违反规定者将取消免税资格。

2. 第三方监督

鉴于国家税务局的人力有限，每年至多审查几千个非政府组织，而美国的非政府组织数量在百万以上，为了弥补政府监督的不足，美国出现了一种替代政府的"第三方监督"，形成了美国特色的第三方监督制度。在美国较有影响力的民间评估机构有：全国慈善信息局和公益咨询服务部。由于这两个机构历史悠久、信誉良好，有较大的影响力，所制定的慈善组织标准对于规范慈善组织的行为起到了重要的作用。

3. 非政府组织的互律

为了确保美国非政府组织的非营利性，美国全国范围内成立了各种互律机构，包括联合会互律、全国性协会互律和行业性互律等。通常联合会、全国性行业协会和行业性社团制定一个共同的道德标准和行为规范，维护同类非政府组织共同的社会形象。例如，美国红十字会制定了详细的管理规则，要求各分会遵守统一的标准和制度，对违规者给予相应的处罚。

4. 媒体和公众的监督

媒体的一个重要的工作取向就是揭露政府、非政府组织和企业的违规现象，特别是失范行为。由于媒体的普及范围广、影响大，因此媒体对非政府组织具有很强的震慑作用。此外，公众的监督和评估也对非政府组织的行为起到了制约作用。特别是互联网出现之后，公众的投诉越发方便，对非政府组织的监督作用也越来越大。

5. 非政府组织的自律

自律指非政府组织通过内部力量对行为主体的监督和约束。自律是非政府组织遵守非营利性原则的根本。非政府组织自律的方式多种多样，如设立监事会和专职的监督员对董事、执行人员的行为进行监督；制定各种规章制度预防违规行为等。

四、美国非政府组织的税收立法

美国是非政府组织发展非常充分的国家，也是一个税法较为完善、复杂的国家。美国税法对非政府组织的规定如下：

1. 所得税

由于非政府组织帮助政府分担了相当多的职能，所以美国法律对于非政府组织的发展给予了积极的鼓励和保护措施，比如美国宪法修正案和1913年税法都规定了对非政府组织免除所得税的内容。

美国法律规定，除教会以外的所有非政府组织都需要在税务部门登记，以获得免税的地位和国家的正式认可。只有国家对相关组织的非营利性认可、税务机关登记报备了其情况，此类组织才能获取相应的免税待遇。年收入超过2500万美元的非政府组织，必须向国家税务局提交年度报告。美国税法对于捐赠者以免税的待遇，以表彰此种符合公认道德的善举、义举。此外，对于非政府组织将受赠的资金捐赠出去，受益者所得到的部分都是免税的。此外，非政府组织税收还涉及一系列的商品税，比如相关经济活动的税收、接受捐赠的海关税收、非政府组织的财产免税等。

2. 免税机构

美国联邦税法规定的免税机构包括教会、慈善、教育和互助会机构。虽然在1950年，美国税法对有关免税机构的规定做出了修改，规定国会决定对"无关经营所得"征税，即从那些实质上同慈善、教育或其他免税目的无关的经营活动中所取得的收入征税，但是免税机构的范围还是较为广泛的。私人基金就是一种免税机构，如福特基金会、洛克菲勒基金会等组织在法律上具有独立的法人资格，经常从事一些学术、艺术、教育和慈善性的活动。免税机构还包括教会、慈善和教育机关以及1/3以上的所得税来自捐赠而1/3以下来自投资所得的机构等。此外，为了防止税收规避行为，美国税法在1969年时曾经做出一些象征性的限制，规定对私人基金组织的净投资所得收4%的所得税；同时还要求基金会每年的所得必须分配掉，以免基金组织从捐赠之外积聚过多的资金。

3. 慈善捐赠

考虑到接受捐赠的机构的活动带有社会公益的性质，早在1917年，美国税法就允许对慈善捐赠给予扣除。如果这些机构全部由政府管理，恐怕得不到各方面的支持，如果让其完全参与市场竞争，则可能无法生存下去，因此对于私人慈善捐赠机构，美国税法允许私人慈善捐赠作为个人开支从其"经过调整后的毛所得中扣除"。

按照美国税法，受赠者分为两类，一类是公益慈善团体（public charity），主要是指靠社会各界提供资金支持且活动范围面向社会公众的社会团体，如教堂、学校、学术团体等；另一类是私人非营利性慈善团体（private non-operating charity），指主要靠少数个人提供资金支持，且活动范围较为狭窄的社会团体，如社区墓地管理机构等。捐赠者在向上述两种社团捐赠时，所享受的待遇是不同的。捐赠给前者（公益性慈善团体）的，最高扣除额不得超过捐赠人AGI（经过调整后的毛所得）的50%，凡是捐赠给后者（私人非营利性慈善团体）的最高扣除额不得超过捐赠人AGI的20%。可见在第一种情况下，捐赠者所享受的税法上的待遇是很优厚的，因此很多人乐于向公益性慈善团体进行捐赠。

4. 公司所得税

在美国，各类慈善、宗教、科学、教育、文艺等方面的非营利机构，商会和同业公会、各种友爱互助组织等，超过符合税法规定的公司标准，也要缴纳公司所得税，但是可以获得许多优惠：其中许多非营利性机构可以获得免缴所得税，如宗教和教育机构、慈善和友爱组织等。过去，联邦政府对社会福利和社会救助方面过问较少，非政府组织发挥了巨大的作用，加之所免税收数量不大，因而未给予特别待遇。随着社会的发展，政府在社会福利方面担任了主要的角色，同时对非营利性机构的免税额也变得越来越大，特别是近年来许多非营利性机构还从事着一些营利性活动和政治活动，所以税法对这类免税机构的限制越来越严，要求这些机构与工商业活动的有关所得，也要按公司所得税计征；而对于从事那些与监理这类机构的目的无关的经营活动所取得的收入，按照"无关经营所得"征税。

第二节　美国非政府组织发现的问题与发展态势

一、美国非政府组织出现的问题

由于美国的非政府组织众多并且大有扩展之势，加之美国国土广袤、人口众多、人员流动性大、各州法律法规不尽相同等固有特点，近年来美国非政府组织也出现了许许多多的问题。

1.滥用免税特权

前文提及，美国的非政府组织出于社会公益，为民众提供服务，承担了本该由政府承担的责任，因此美国立法给予非政府组织以免税特权。但是，有些非政府组织在享受免税优惠后，却不按其宗旨中声明的那样为社会提供公益服务，以及某些非政府组织滥用税收优惠条款借公益性为名，行营利性之实。

美国休斯敦的卫理公会，有一年收入达5亿美元，却只将其中的1%用于慈善性医疗。病人只要缴不上医疗费，便得不到治疗。而当年该组织从免税中获得了4000万美元的好处。此事使得所在地的得克萨斯州政府在1993年通过了一条法律，要求所有的非营利性医院每年至少将一定比例的收入用于慈善性医疗，不然将受到法律的制裁。

夏威夷一个名为Bishop Estate的非政府组织，在该州拥有37万英亩的土地，在密歇根州拥有30万英亩的森林，在华盛顿附近还拥有一处高尔夫球场的股份。这些资产乃1883年夏威夷公主去世时留下的遗产，目的是资助该州的孩子上学，因此这些资产不用纳税。但是1994年时该资产的收入高达3亿美元，而所管理的学校中总共才3000名学生，并且用于学生的费用也不是很多，但其5位受托人当年的报酬却高达1亿美元。

2. 贪污问题

不少非政府组织的负责人、员工甚至义工，在金钱和捐赠面前抵制不住诱惑，往往发生中饱私囊的贪污行为。

曾任美国联合之路负责人22年之久的威廉·阿尔莫尼，不满足每年46万美元的薪水，利用该组织的钱为自己在纽约市买了一套价值近40万美元的豪华别墅，又花了7万多美元精装修，还用该组织的钱带女儿周游世界，为女儿在佛罗里达的家加盖了一间阳光屋。最后被媒体曝光而遭法律严惩。

3. 高待遇

有些非政府组织的负责人对社会并不怎样慈善，却对自己过于"慈善"。美国国会的一项调查发现，在最大的250家非政府组织的2000名主管中，有300人的年薪超过20万美元；在这300人当中，64人的薪水在30万到40万之间，有的超过了200万美元，福特基金会、传统基金会负责人的年薪都在40万美元以上。掌管GRE考试的教育考试服务中心的总裁年收入也在32万美元。除了工资以外，非政府组织负责人还享有奖金、低息贷款、住房补贴、专车、免费休假、高额退休金等好处。

此外，非政府组织还存在着诸如不正当竞争、涉及政治与党派斗争等问题。

二、美国非政府组织的特点

美国非政府组织的特点是数量多、规模大、经费足、组织体制比较健全。

人们常说美国社会的运转主要依靠三大部门，即政府、营利部门（企业公司）和非营利部门（非政府组织），可见非政府组织在美国的地位和作用。由于非政府组织承担着许多具体的社会服务和社会管理的工作，对社会发展具有极大的作用和意义，因此联邦政府对于推动非政府组织的发展一直持支持态度。

美国非政府组织在社会服务中占的比重相当惊人，半数以上的医院床位及1/2以上的大学都由非政府组织提供。

三、美国非政府组织的作用

随着政治经济的发展和社会的进步，美国非政府组织在社会中的地位和作用越来越突出，非政府组织创造的产值在国民经济中的比重也在逐年提高。非政府组织一方面促进了经济的发展，成为国民经济的有机整体；另一方面提供了多样化的社会服务，方便了人们的生活；与此同时，非政府组织使得政府精简了机构，减轻了负担，帮助政府了解民情、管理社会，为政府决策提供参谋资讯服务，顺应了"小政府，大社会"的目标。美国自20世纪70年代起，非政府组织就承担了大部分社会服务工作，远远超出政府所能提供的，这些服务通常带有社会福利性质，深受群众欢迎，满足了社会需求。

美国的非政府组织是群众实现自己目标的自我组织。非政府组织中的专职人员不多，大量依靠自愿捐赠业余时间的义工支持日常工作。美国的成年人中有一半之多的人志愿奉献他们的业余时间从事非政府组织的活动，每年奉献200多亿小时，相当于900万全时工人干一年，每年奉献的时间价值约为2000亿美元左右，大体上与社会价值的资金价值相等。此外，个人捐赠在美国也深入人心，近年来全美捐赠额中有90%的份额来自个人。

四、非政府组织对政府的辅助作用

第一，非政府组织帮助政府实现"小政府，大社会"的管理模式。既管理着社区，又代表社区居民同政府沟通和交流。

第二，非政府组织主要以满足社区服务为目的，积极开拓新的服务领域，创建新的服务体系，能够为民众提供广泛的服务范围，非政府组织在社区内所起到的组织和管理作用，提高了社区居民的生活质量。

第三，非政府组织的发展能够有效地保障社区服务的全面发展，有利于提供就业和保持生活稳定。

因此，可以说非政府组织如同美国社会运行的"润滑剂"，一方面承担了很多社会事务和社区服务工作，另一方面又促进了社会稳定。

五、美国非政府组织的发展态势

近年来，美国的非政府组织出现了新的发展态势，主要包括如下方面。

第一，国际化。有的非政府组织建立了国际组织，或加入了非政府的国际组织，尤其是慈善活动正变成一种国际行动。

第二，标准化。美国的非政府组织在自我管理的同时，也十分注重自我约束。一些非政府组织已自行制定非政府组织的国际基本标志。

第三，营利化。美国政府鼓励非政府组织向营利机构转变，据说是因为营利机构通常提供的服务比政府所办机构和非政府机构好，政府又减少资助、增加税收。

非政府组织的资金运作规模呈扩大趋势：冷战结束后，随着国际形势的发展，非政府组织的资金运作规模呈现出越来越明显的扩大趋势。美国普救合作组织（CARE）1992年的年收入资金约为6.2亿美元。

六、战后成立的非政府组织案例

微笑列车

微笑列车是美国的一家旨在帮助全球唇腭裂儿童患者的国际性非政府组织，成立于1999年，足迹遍及亚非拉的22个国家。微笑列车除了向发展中国家派送外科专家志愿者实施手术项目外，更重视培养当地施行此手术的医生的能力。他们在中国为开展关于唇腭裂方面的研究、培训和补救治疗投入了大量的资金，其中部分用于为残疾儿童提供矫正手术。

国际地球之友（Friends of the Earth International）

该组织1969年成立时只是美国的国内组织，1992年已经发展到40多个国家，有51个成员组织，会员人数达50余万，已经形成了国际网络。

该组织是著名的环境保护领域的非政府组织。

绿色和平组织

绿色和平组织成立于1971年，起因是抗议美国在阿拉斯加的一个岛屿进行核试验。绿色和平组织的宗旨是阻止伤害人类赖以生存的地球环境，实现人与自然的和谐相处。该组织是国际非政府组织中规模最大的组织之一。绿色和平组织的总部设立在荷兰阿姆斯特丹，成员约有250万人左右。

凯尔国际

凯尔国际是美国著名的人道主义救援和发展组织，起源于第二次世界大战结束后美国对欧洲的人道主义救济行动。成立五十多年来，凯尔组织先后在其他西方发达国家建立。1982年，凯尔国际成立，该组织是各凯尔成员组织的国际联合会，目前有11个成员。

凯尔国际的宗旨是"为世界最穷地方的个人和家庭服务"，希望通过"加强自助能力、提供经济机会、分发人道主义紧急援助物品、在各个水平上影响决策、反对一切形式的歧视"来促进持久的变化发生。

人权观察

人权观察始建于1978年，总部位于纽约，在华盛顿、洛杉矶、旧金山、布鲁塞尔、伦敦、莫斯科、里约热内卢、塔什干、杜尚别、第比利斯、香港设立了办事处，在开展密集调查的国家有时设立临时办公室，有150多名专职人员，包括律师、记者、学者等，还有来自不同种族、不同背景的国际问题研究专家，大多数从事调查和研究工作。

第二章 美国思想库的缘起及分类[1]

近年来,美国思想库的研究逐渐引起中国学者,尤其是从事政策研究的专家的关注,相关著作和文章也在断断续续出版。[2]但总体看来,仍然缺乏完整、系统的研究;而由于与美国各主要思想库直接接触的第一感觉相对不足,现有的研究成果似乎并不能完全反映当前美国思想库的面貌。本章试图从思想库的概念入手,对美国思想库做些基础性的研究。

一、"思想库"一词的缘起

"思想库"(Think Tank),又称"智库""脑库",顾名思义,就是储备和提供思想的"仓库"。该词是美国人的发明,最早出现在二战时期,是个纯军事术语,用以指称战争期间美军讨论战略和作战计划的保密室(类似所谓作战参谋部)。二战结束后,"思想库"一词开始被用于称呼军工企业中的研究与发展部(research and development sections),其中最有名的当属道格拉斯飞机公司的研究发展部。20世纪50年代,该部成为独立实体,仍以研究与发展为名,将两个英文单词复合而为RAND,即是人所共知的兰德公司。[3]

因此,兰德公司一般被认为是第一个被称为"思想库"的研

[1] 中国现代国际关系研究所.美国思想库及其对华态度[M].北京:时事出版社,2003.

[2] 吴天佑,傅曦.美国重要思想库[M].北京:时事出版社,1982.孙家祥,等.领袖的外脑——世界著名的思想库[M].北京:中国社会科学出版社,2000.

[3] Alan J.Day. *Think Tanks:An International Directory*[M]. Longman Group UK Limited,1993,Introduction.

究机构（这也是它为什么享誉全球的重要原因之一）。自此，思想库的概念逐渐为人所知。[1]20世纪60年代，现在意义上的思想库概念开始作为专门词汇而流行，泛指一切进行未来规划性研究并为政府提供决策参考的其他许多非政府研究机构，包括二战前建立的从事国际关系和战略问题研究的准学院式研究机构，诸如布鲁金斯学会、卡内基国际和平基金会等。到20世纪70年代，思想库已经成为西方政治生活中人所共知的概念，不过其涵盖范围已不仅仅是从事战略、军事、国际关系研究的机构，研究当代政治、经济、社会问题的机构也划归其中。

二、关于思想库概念的不同观点

思想库的概念在美国普及以后，欧洲、日本也逐渐兴起了各式各样的思想库。广大发展中国家也开始模仿西方建立起自己的思想库。据不完全统计，全世界共有各类思想库近5000家。但是，各国关于思想库的概念不尽相同。在美欧多数国家，思想库一般指独立于政府和企业（甚至大学）之外、从事公共政策研究的非营利性学术机构，隶属政府的研究机构和大学院系是被排除在思想库范畴之外的。但这一定位显然不符合包括中国在内的多数发展中国家的实际情况。在这些国家中，思想库的定义较之美国更具弹性，大体上只要是从事政策性研究、为政府决策提供参考的研究机构都可被称为思想库。因此，像中国现代国际关系研究所、中国国际问题研究所等隶属于政府部门的研究机构，往往也被称为"中国的思想库"。对此，美国学者大体接受，比如有学者就经常将中国现代国际关系研究所与美国的兰德公司、国际战略研究中心相类比。

撇开世界其他国家的思想库不谈，这里所要探讨的，是美国思

---

[1] McGann,James G., R.Kent Weaver. *Think Tanks and Civil Societies:Catalysts fo Ideas and Action*[M]. New Brunswick, NJ:Transaction Publishers,2000.

想库的概念应该如何定义。据统计：二战爆发前，全美仅有20来个思想库。到20世纪80年代末，私立的及附属于大学的思想库飙升至1200多个。至20世纪末，这一数字达到了1600个之多。[1]但有意思的是，至今人们对思想库的概念仍没有一个标准的说法，美国一些大型工具书也少有对思想库进行专门的解释。学者们倒是见仁见智，提出多种观点，为我们提供了有益启示。

一种观点认为，思想库应专指拥有大量资金和大批高层次学者，从事政治、社会、经济等各个领域重大问题研究的组织，如布鲁金斯学会、国际战略研究中心等。不过有人质疑说，按此标准，全美真正称得上是思想库的只有一二十家机构，这显然不符合实际。因此多数学者不同意这样的定义。

另一种观点截然相反，认为美国真正具有普遍意义的思想库不是布鲁金斯学会、兰德公司这样的大型研究机构，而是那些有十来个研究人员和职员、几十万美元年度预算的小型研究机构。因为这类机构占了美国政策研究机构的80%。[2]

还有一种观点则认为，美国根本没有典型意义上的思想库。有人甚至说："什么是思想库？只有等我看到以后才知道。"确实，美国的政策研究机构中，小的如进步政策研究所，仅几个职员，主要依靠大学教授做研究，撰写一些能出版的政策报告；中等规模的如凯托研究所，只有十几个坐办公室的研究人员；大的如国际战略研究中心（CSIS），拥有100多个研究人员；还有超大的如兰德公司，拥有近千人。其各自的年度预算也有天壤之别，既有不足20万美元的微型咨询机构，也有拥有数千万甚至上亿美元年度预算的重

---

[1] Hellebust,Lynn,ed.*Think Tank Directory:A Guide to Nonprofit Public Policy Research Organization*[M]. Topeka,KS:Government Research Service,1996.

[2] Donald E.Abdson. *Do Think Tanks Matter? Assessing the Impact of public policy Institutes*[M].McGill—Queen's University Press，2002：p.17.

要智囊机构（如传统基金会）。此外，在研究领域、研究成果体现、思想倾向以及研究机构的隶属关系等方面也各不相同。有些机构附属于大学的某个系或学院（如乔治·华盛顿大学国际关系学院下属的西格尔中心、约翰斯·霍普金斯大学的高级国际研究学院），办公设备、研究人员乃至资金多依赖学校；有的则主要靠企业家捐赠（如卡内基和平基金会、布鲁金斯学会）；有的主要靠政府合同（如兰德公司、赫德森研究所）生存。对这些不一而足的研究机构用同样一个词"思想库"来概括，的确难免以偏概全。

上述三种观点都有部分道理。但是，第一、二种观点在机构规模和资金大小上过于纠缠，没有实质意义；第三种观点则滑向"不可知论"，都有修正的必要。事实上，尽管上述研究机构千差万别，却也有显而易见的共同特点，比如，都以政策研究为目的，一般都是非营利性的，非党派的；根据美国法律，也都不得直接参与政治活动。这些都是定义思想库必须考虑的要素。

除此之外，也有人从精英政治和多元政治角度给思想库下定义。如美国思想库研究专家约翰·索拉马（John Solama）、威廉·多姆霍夫（William Domhoff）、托马斯·戴伊（Thomas Dye）等认为，思想库是专为大企业或大公司精英人物的经济、政治利益服务的组织。他们的基本理由是，美国思想库的资金大多来自百万富翁的捐赠，董事会成员多是大公司老板，重要职位也基本由离任高官担任，因此其研究成果必然反映这些精英人物的意见。[1]长期以来，中国学者也基本持此种观点，认为美国思想库受财团和不同利益集团控制，是大资本家、大财团等统治集团的代言人。[2]

与此相对立的看法认为，思想库在美国的兴起及迅猛发展，恰

---

[1]　William Domhoff. *The pwoer Elite and the state*：*How Policy in Made in America*[M].New York：Aldine de Gruyter,1990.

[2]　吴天佑，傅曦.美国重要思想库[M].北京：时事出版社，1982：序。

恰是美国民主制度的反映。思想库发挥着"第四权力"的作用，在相当程度上影响代表统治集团意志的当权者的政策走向；思想库类别的繁多，说明美国多元政治的良性发展，这种多元政治不是精英利益的产物，而恰恰是普通民众利益的集中体现。

为了免于这种争执，部分美国学者干脆就认为，思想库不是相对于政府的"第四权力"，它们本身就是政府决策圈的有机组成部分，职能就是对某类专门知识进行深入研究，在关键时刻满足政府之需，其研究人员因而必须具备随时听从政府召唤的政治素质和业务能力。[1]

三、思想库与利益集团

定义思想库的另一难点，是思想库与其他非政府组织如基金会、贸易团体、经济文化交流组织、利益集团如何区分。有些思想库直接就以基金会为名，如卡内基和平基金会、传统基金会等，但却是十足的研究机构，与福特基金会、洛克菲勒基金会等以投资、捐赠、资助为目的的政府和私人组织明显不同。这一点似乎不用过多解释。

思想库与利益集团之间的界限相对较难划分。应该说，思想库与利益集团都以最终影响政府决策为目的——思想库要想扩大自己的影响，必须像利益集团那样善于向政府部门兜售自己的政策主张。特别是进入20世纪90年代后，一些思想库不再专为政府提供建议，有时也转而直接求助于利益集团和政治行动委员会，通过他们对政府施加压力，间接实现自己的目的。由此形成美国思想库的一个新特点，即不断从公司那里获得资金，然后非常意识形态化地发表有利于该公司的言论，以致逐渐丧失已往的所谓中立原则。与此

---

[1] Hugh Heclo, *Issue Networks and The Executive Establishment*[M].In Anthony Kinf ed., The New American Political System, Washington DC: The American Enterprise Institute , 1978.

同时，利益集团要想真正对政府施加影响，也必须像思想库那样对所要游说的问题进行深入研究，为此也直接"求教于"思想库。比如最近十年来，许多网络公司兴起资助思想库以影响政策的潮流，微软公司就资助过位于加州的一个自由思想库（独立研究所），利用后者宣传自己面临《反托拉斯法》制裁的不利处境。[1]因此，思想库与利益集团之间越来越呈现出相互靠近的势头，二者确实不易分辨。

但是，思想库与利益集团毕竟是两类不同的非政府组织，二者之间存在着重大区别。首先，与利益集团不一样，思想库不代表某一特定选民说话。比如，传统基金会在原则上和理念上一贯支持美国人有拥有私人枪支的权利，但只流于政策主张，并不代表美国持枪者这一特定人群。后者的代言人是美国全国枪支协会，其主要任务则是直接对政府施加压力，为枪支持有者谋利益，是个典型的利益集团。其次，利益集团的主要目的不是促进社会科学研究，而是确保当选的领导人执行与其利益一致的政策。因此他们对当选人以资金捐赠相支持，以寻求回报为目的。相反，思想库只是就当前政策进行辩论和讨论，提供建议。根据法律，思想库不得对政府官员或某一政党提供经济、财政上的支持。

四、本书关于思想库的定义

根据上面的分析，我们似乎对思想库的基本要素有了一个大体的印象。我们认为，一个机构之所以被称为思想库，必须具备以下几个条件：

（1）从事政策研究（policy research）。所谓政策研究包括对外政策和对内政策（公共政策）两个方面，大到国家安全战略、对外战略、政府改革纲领，小到导弹技术、对某国家或地区的援助等，

---

[1]　Michael Rust.*Who bought off the think tanks*？[M].Insight on the News，Nov19，2001.

都在其中。政策研究主要相对纯学术研究而言，简单地讲，政策研究的目的不是象牙塔内的学术研究，而是实用性、时效性、对策性强的经世致用式研究；既鼓励学者个人的价值实现，更强调集体合作式研究。研究的方法可以多种多样、研究的视角可以追根溯源，但最终目的是服务于现实。

（2）以影响政府的政策选择为目标。这里所谓政府既包括联邦政府，也包括州及地方政府。在美国，有大约上千个思想库是为地方政府服务的。但就我们的研究而言，更多关注的是对美国联邦政府产生影响的思想库。为了达到影响政府决策的目的，思想库的产品往往既讲深度，更讲速度；既搞大部头的著作，更追求短小精悍的政策性报告；既注重产品的创作，更重视成果的推销。是否有新的思想、是否有合理的对策建议、能否有效地推销出去，被视为一个思想库能否成功的"三大法宝"。进入20世纪90年代后，一些思想库不再专为政府提供建议，而是求助于利益集团和政治行动委员会，通过它们对政府施加压力，间接实现自己的目的。

（3）非营利（non-profit）。这里所谓非营利，一方面指研究机构的宗旨不是为了赚钱、获利，另一方面指研究产品不直接转化为财富。这一特点正是思想库能够在美国立足并蓬勃发展的重要原因，因为它相对保证了研究成果的客观性和公正性。但事物往往不是绝对的。现在，虽然几乎所有思想库都标榜自己的"非营利"特征，但实际上均有不同渠道的资金来源，"利"可谓不"营"自来；同时，研究成果一旦被政府采纳或研究人员一朝"登堂入室"变成政府官员，其潜在的、隐形的"利"，可能远大于看得见、摸得着的现实利益。正因为如此，一些大学教授也不甘寂寞，选择在某一或几个思想库中做编外研究人员，指望获取在校园里难以得到的"利"。

（4）独立性（independence）。即独立于公司、政府、利益集团。实际上，美国几乎所有具备一定规模的思想库都有某种背景，或者政府背景，如兰德公司、进步政策研究所等；或者国会背景，如威尔逊中心；或者党派色彩浓厚，如传统基金会；或者与军方关系密切，如大西洋理事会、史汀生研究中心。但是，在形式上多数思想库仍然把持"独善其身"的最后屏障。

由此，思想库的概念也就逐渐清晰了，即：以政策研究为核心、以直接或间接服务于政府为目的、非营利的独立研究机构。从成立时间看，有早有晚；从人员构成看，有大有小；从资金来源看，有多有少；从思想倾向看，有自由也有保守；从职能性质看，有政府合同型也有政策鼓吹型。

根据这种定义，美国大大小小的思想库仍有上千之多。本书主要选取的，是影响美国外交政策制定，尤其是与美国对华决策制定息息相关的31个思想库。

第一节　美国思想库的起源及发展

一、关于美国思想库的起源问题

由于对思想库概念的理解不一致，人们对其起源自然也就莫衷一是。大体说来，起码有近十种不同意见。比较有代表性的，有"19世纪初期说""19世纪中后期说""20世纪初期说"等好几种说法。我们不妨简单做一介绍。

1. 19世纪初期说

这一观点的提出者是美国著名思想库研究专家保罗·迪克森

（Paul Dickson）。他于1970年出版了美国最早的全面研究思想库的同名专著《思想库》一书。书中认为，早在19世纪30年代，向政府提供建议的所谓思想库即开始在美国出现。他的证据是：1832年，当时的财政部部长为解决汽船上的蒸汽锅炉问题，与费城富兰克林研究所（Franklin Institute of Philadelphia）签署委托研究合同，开了政府利用研究机构解决公共问题的先河。[1]此后，类似这种政府求助于外界"智库"的情况越来越多，渐成趋势。迪克森据此认为，19世纪30年代可被视为美国思想库的起点。

但迪克森的提法在美国不被广泛接受，主要原因是他的观点过于牵强，经不起推敲。批评者认为，如果按照他关于思想库就是政府为解决各种问题所求助的对象的定义，富兰克林研究所显然不是第一个类似机构，一些具有同样职能的教育机构在1832年前早已存在，如著名的哈佛大学（1636年）、耶鲁大学（1701年）、普林斯顿大学（1746年）、哥伦比亚大学（1754年）、布朗大学（1764年）等。可以设想，政府官员早已在求助于学者本人或他们所隶属的部门。换句话说，学者与政府官员一起讨论公共政策（有时是在大学校园，有时则在国会办公室）的历史已经超过200年。

但是，这种彼此间的交流并不能被视为今天意义上的思想库的起源。主要原因是，17和18世纪的学术机构明显没有把自己作为特殊组织或学会中的成员，而是与同事、政府领导人共享他们的观点及见解。只是他们的运作表现出许多与现代思想库功能相同的特点，这样才被错误地认为思想库与学术机构建立时间一致。至于有学者指出，古希腊为亚历山大大帝出谋划策的亚里士多德、古代中国服务于帝王将相的幕僚均可被视为今天思想库的鼻祖，这类观点更是让人哑然。

---

[1] Paul Dickson.*Think-Tanks*[M].(New York:Atheneum,1970: p.9.

迪克森认为，发展、提炼、传播思想并非自富兰克林研究所开始，可以追溯到美利坚合众国建国之时。但正如迪克森的许多后续研究表明，他仅仅是关注了思想库的历史进化，而没有对诸如兰德公司、城市研究所等著名研究中心进行仔细研究。尽管很难确切地说，哪个组织、学会、政治运动团体就是第一个思想库，但阐明哪些组织是诸如布鲁金斯学会、对外关系委员会等受关注的思想库的雏型，却并不困难。

2. 19世纪中后期说

在迪克森完成了美国思想库综合研究20年后，另一位历史学家詹姆斯·史密斯（James Smith）从实证研究着手，对思想库的起源提供了很多翔实的资料性论证。史密斯同意迪克森的观点，即当代思想库的起源可以追溯到19世纪。但他认为，真正意义上的思想库起源于内战结束6个月后，即1865年，而不是1832年。当时，在美国社会科学促进协会（美国社会科学协会的前身）赞助下，约100名作家、记者、教育工作者、科学家聚集在马萨诸塞州议会大厦，商讨如何尽快从战争的废墟中恢复该州的经济和社会秩序。根据史密斯的说法，这次聚会使"知识界开始认识到共享知识所带来的好处"，[1]由此开始自觉地组织专门的机构，从事研讨和为政府提供决策参考。次年，这批与会代表成立了专门的组织，宗旨是"为社会改革进行调查、咨询、游说"。该组织要求会员不仅要思索如何推进社会改革，提高社会学家的职业水准，还要扩大他们的影响。这些宗旨与今天思想库的某种功能颇为相近。更重要的是，在美国社会科学协会的带动下，一系列国家级的专业化机构纷纷建立，如美国历史学会（1854年）、美国经济学会（1885年）等等。这些专业

---

[1] James A.Smith.*The Idea Brokers:Think-Tanks and the Rise of the New Policy Elite*[M].New York：The Free Press p.24.

化机构的建立，使政府官员与学者、政策分析家之间的联系更为紧密。

3. 20世纪初期说

对于史密斯的观点，美国另一位专门研究决策精英的专家威廉·多姆霍夫（William Domhoff）提出了疑义。他承认，专业化机构或专业学会的成立使社会科学家之间的联系、他们与政府官员之间的联系都大为加强；但这种关系还不能与现在意义的思想库之功能相提并论。根据他的研究，1900年成立的全国市民联盟（National Civic Federation，前身是1849年成立的芝加哥市民联盟）才真正称得上是与政府决策体系有正式联系并可对其施加影响的研究机构。该联盟成员包括金融界、劳工界、学术界的领导人，下设数个常设委员会，经常就当时市民最为关心的市政腐败、竞选欺骗、投票人登记等政治问题进行调查研究，在此基础上撰写报告并有针对性地提供具操作性的政策建议。其运作方式已非常接近我们所要探讨的思想库。

在全国市民联盟之后，一批类似机构也纷纷效法，如1904年由当时极负盛名的经济学家理查德·伊利和约翰·R.卡门斯联合创办的工业研究局（Bureau of Industrial Research），不仅寻求富豪们的资助，而且进行有针对性的政策研究，直接对政府的决策产生着影响。其主要成果《美国工业社会的记录史》至今仍是了解美国产业、社会、劳资关系的经典著作，堪称美国思想库的雏形。

另一位美国思想库研究专家詹姆斯·G.迈克甘则倾向于将1916年成立的政府研究所（布鲁金斯学会的前身）视为现代思想库的起源，因为该研究所是第一个专门从事公共政策研究的独立组织。[1]

---

[1] James G.McGann. *Academics to Ideologues:A Brief History of the Public Policy Research Industry* [J].*Political Science and Politics*,Vol.25,No.4,December 1992.

应该说，上述几种说法各有道理。但相对而言，20世纪初期说被更多人认可，也更为贴切。不过即使如此，对究竟哪个组织才是"第一个"思想库仍然众说纷纭。在笔者看来，这种机械式的争论意义不大，因为思想库是作为一种政治现象出现的，并不是某一个或两个机构、组织的设立能决定思想库的起源。"20世纪初期说"之所以被广泛认同，恰恰是因为这一时期有一批相关组织机构应运而生，而且组织结构、运作模式、研究领域大体相同。这些组织与现代人们所理解的思想库一样，开始主要依赖公共团体和私人的捐赠来生存，开始由从事与政策相关问题的研究转向直接从事政府政策研究。同时，卡门斯等人此时已深刻地意识到，他所组织的机构不是一个偶尔附带给政府提点建议的学术团体，而是一个要随时为政府提出政策建言的专门机构。凡此表明，经过长达百年的政界与学界的互动，在20世纪初期的美国，终于诞生了一类主要服务于政府的特殊研究机构，这即是今日思想库的前身。

这一时期思想库之所以应运而生，归因于美国特殊的历史背景：一方面，此时的美国正经历从自由资本主义向垄断资本主义、从农业国向工业国、从乡村社会向都市社会转轨的"大变动时期"，由于突如其来的巨大变化，美国先自下而上、后自上而下掀起了著名的"进步运动"。政府一改立国以来少干预经济生活、社会问题的传统，开始加强国家干预，强调政府的功能和作用。为此，美国统治者需要一批有组织、固定化的智囊机构为其出谋献策，以顺利度过转型期，保证美国式的资本主义发展道路的长治久安。同时，这一时期的美国从经济意义上讲已超过英国，跃升为全球第一。实力的增强使美国政要（如威尔逊、老罗斯福）开始寻求在国际舞台上施展大国抱负，因此开始有限改变华盛顿确立的孤立主义外交路线，积极参与国际事务。第一次世界大战的爆发及美国所扮演的角色，更增强了美国政治家们参与国际事务的意愿（著名的胡佛研究所就是"一战"直接催生的）。在这种背景下，一批与美国新的全球角色相适应的思想库纷纷出现。

而知识分子和各类社会活动家也纷纷走出象牙塔，标榜自己的社会责任和社会道义，开始寻求"经世致用"，由此形成美国社会科学研究和机构建立的历史高峰。思想库的出现，正是这一浪潮掀起的波澜；同时，这一时期涌现出一大批富甲天下的大企业家、大财团。发家致富后的垄断资本家们，或者想借研究机构之手影响政府政策，或者想花钱买"心理平安"，建立了一系列所谓慈善机构、基金会、捐赠会，比较有名的如卡内基基金会、洛克菲勒基金会等。基金会的大量捐赠资金保证了服务于政策研究的思想库的稳定性，学者们广泛参与社会政治活动构成了思想库的基础，政府的需求则为思想库的存在提供了理由。因此，美国历史上第一批真正现代意义上的思想库就在20世纪头20年间应运而生。其中比较著名并在以后的历史中发挥重要影响的，有拉塞尔·塞奇基金会（1907年）、卡内基国际和平基金会（1910年）、政府研究所（1916年）、胡佛研究所（1919年）、对外关系委员会（1921年）等等。

加拿大专门研究美国思想库的学者唐纳德·阿伯尔森对这一时期思想库的兴起有如下评价：

"这些机构在不同寻常的环境中诞生，但都意在鼓励学者调查社会、经济、政治问题。这些机构吸引了政治信念各异的政策专家，但他们努力使其不变成意识形态的战场。学者本人有时会明显支持或反对政府的政策，但这些机构的首要目标不是介入决策过程，而是作为一个提供政策建议的渠道。学者的建议转化为实际立法及可执行计划，在很大程度上依赖于他们的研究成果以及与政府官员联系的密切程度。"[1]

这正是我们今天所理解的思想库。

二、美国思想库的发展演变

由于美国思想库"研究现实、服务政府"的特殊性质，其存亡续绝、代际交替、研究方向、人员流动、政策影响等往往深受美国国内政治生态变化和国际形势变幻以及利益集团分合的重大影响。思想库与国家政治的深刻互动，构成美国政治的一大特色。关于美国思想库的发展阶段，有关学者也有不同的划分法。唐纳德·阿伯尔森主要依据思想库产生的数量为标准，将其分为四个发展阶段，他称之为四次发展浪潮，即第一波，1900—1945年；第二波，1946—1970年；第三波，1971—1989年；第四波，1990—1998年。[2]

詹姆斯·G.迈克甘同样采取四阶段划分法，但主要根据每个时期思想库的不同类型或性质作为划分标准，即1900—1929年，1930—1959年，1960—1975年，1976—1990年。[3]他称，此种划分的主要依据是：首先，每个阶段都有重大的历史事件，即第一次世界大战、第二次世界大战、反贫困战、思想意识战，而思想库之兴起是与这一大的历史背景相关的。其次，每个阶段都能找到不同类型的思想库，显示出明显的代际特色。即，以布鲁金斯学会为代表的公共政策研究机构发展期、以传统基金会为标志的专门型思想库发展期、以兰德公司为代表的军事—知识复合体发展期、以城市研究所为代表的国内事务思想库发展期。

另一位著名的思想库研究专家詹姆斯·史密斯则认为，思想库之滥觞，始于20世纪七八十年代，但起源尚早。大体经历三个阶段，

---

[1]　Donald E.Abelson. *American Think tanks and their Role in U.S.Foreign Policy*[M].MacMillan Press Ltd.1996：p.27-28.

[2]　Donald E.Abelson. *American Think tanks and their Role in U.S.Foreign Policy*[M].MacMillan Press Ltd.1996：p.22-36.

[3]　James A.Smith. *The Idea Brokers:Think tanks and the Rise of the New Policy Elite*[M].the Free Press,1991.

又称之为三代：第一代建立于1910年前后，大体是进步运动和科学管理运动盛行之时，主要是由慈善家建立，为的是体现某种社会责任和义务；第二代建立于二战后20年左右，也是首次被称为"思想库"的思想库，主要是根据契约为政府服务；第三代建立于20世纪七八十年代，是在过去几十年思想意识斗争的基础上发展起来的，与其说是从事学术研究，不如说是兜售政治主张，贩卖政策建议。思想库的名称虽起源于20世纪50年代，但类似的个人和组织古已有之。亚里士多德给亚历山大国王出谋划策、塞内加给尼禄出主意等等，都是某种思想库的变种。

实际上，三种划分法是大体重叠的，一定数量的思想库兴起显然有大的国际国内背景，而每一阶段的思想库也几乎都有各自的特点。据此，我们认为，从20世纪初期正式形成至今，美国思想库的发展大体经历了四个阶段。

第一阶段：20世纪初至20世纪40年代，为思想库的诞生时期。这一时期成立的思想库主要靠大企业家（美国人爱将其称为慈善家）的私人捐赠，政策立场相对中立又被称为"没有大学生的大学"（university without students），以布鲁金斯学会为典型。

尽管这一时期美国一些名牌大学如哈佛大学、约翰斯·霍普金斯大学、芝加哥大学等有不少学者实际上经常在为政府提供学术咨询，但一批慈善家和政策制定者们并不满足于此。他们认为，大学院系毕竟主要是为招收学生而设立，大学教授的主要职责也在传道授业，而美国作为已经取代英国成为世界第一的新兴强国，需要一批将主要精力放在学术研究和政策分析上的专门学者。无论是总结第一次世界大战的经验，还是应对日趋复杂的国内政治、经济、社会问题，抑或解决联邦政府规模和职能扩大后的"知识匮乏"问题，一批专门服务于政府和公司的政策研究机构必不可少。因此，这一时期，在罗伯特·布鲁金斯、安德鲁·卡内基、赫伯特·胡佛、约翰·洛克菲勒、马格丽特·奥利维亚·塞奇等大企业家的捐赠下，拉塞尔·塞奇基金会（1907年）、卡内基国际和平基金会（1910年）、政府研究所（1916年，于1927年与经济研究所、罗伯特·布鲁金斯经济与政府研究生院合并为布鲁金斯学会）、胡佛战争、革命与和平研究所（1919年）、国家经济研究局（1920年）、外交关系委员会（1921年）等第一代美国思想库终于登上了历史舞台。

相比较以后几个阶段出现的思想库而言，美国第一批思想库成立的背后几乎都有大企业家们理想主义的成分，即希望思想库真正做到独立、中立、客观——不拿政府的钱、不带党派色彩、不直接涉足政治，这也成为其立身之基本原则。此外，这批思想库被要求从事前瞻性和中长期战略性问题的研究，既要服务于当时的政府、企业，又要为5～10年后的美国发展献策。正是这样一些宗旨，使上述思想库不仅延续至今，而且依然凭其战略性、前瞻性、政策性研究特点在美国上千个思想库中占据显赫位置。如卡内基国际和平基金会、布鲁金斯学会、胡佛研究所等，目前仍是美国最具影响的几大思想库。

不过，同以后诞生的思想库一样，这一时期的思想库尽管标榜为政府提供客观、中立的政策建议，但真正能做到观点中立、不参与政治的几乎没有。以布鲁金斯学会为例，从成立那天起，该学会就把保持研究的独立性或不受政治干扰放在首位，为此，甚至定下董事会成员不得干预其研究工作的"铁"的法规。但事实上，机构和研究的独立性并不意味着研究成果的客观性。没有人会质疑布鲁金斯学会的独立性，但也同样没有人会认为该学会的研究人员和研究成果不带有明显的政策倾向。

第二阶段：20世纪40年代至60年代。从规模看，这是美国思想库发展史上的第二个高峰期。从类别看，这一时期诞生的思想库多为"政府合约型",即主要靠与联邦政府签订研究合同获得资金来源,因此其研究内容及思想倾向具有明显的官方性质。这一时期兴起的思想库也是最早真正被称为"思想库"的机构,以兰德公司最为典型。

二战结束后,美国一跃而为世界头号超级大国,战争遗产的清理、美苏冷战的到来,以及美国作为西方世界的领袖所面临的空前繁杂的国际国内事务,使得美国政府迫切需要一批从思想上、战略上为其执政地位服务的机构。一方面,一些在二战期间从事军事战略、战术研究的机构在战后仍为时代所需,因此被保留下来,兰德公司就是这样诞生的;另一方面,新的冷战时代的到来则刺激了防务政策、情报及核战略方面思想库的产生。许多在战时被临时征召到军事机构或大学从事战略研究的知名经济学家、科学家也面临战后的去留问题,这批人才关系到美国作为西方世界霸主的地位能否牢固。因此,联邦政府通过合约的形式拨出大量资金使这批人才继续为己所用,后来证明这是一个明智之举。于是在20世纪40年代晚期至50年代早期,受联邦基金资助研发的机构逐渐增多,成为思想库发展史上的一大特色。这类思想库的出现不只改变了决策体系的复杂程度,而且再一次证明由于美国面临更加复杂的内政、外交问题,行政部门、国会都在其自身部门之外寻求指导,政府更加依赖于政策专家。政府所关注的环境、国民经济、安全及防务政策问题成为受政府资助的思想库研究的重点。

这一时期"政府合约型"思想库较为著名的,有主要服务于美国空军系统的兰德公司,服务于海军系统的海军分析中心以及服务于政府城市管理的城市研究所等。

第三阶段:20世纪60年代后期至80年代,是美国思想库的爆炸式发展时期。今天美国大约有一半的思想库是这一时期诞生的。这一阶段出现的思想库具有浓厚的意识形态和党派色彩，往往被统称为"政策推销型"思想库发展期，以传统基金会为典型。

这一阶段美国思想库如雨后春笋般涌现是有特殊时代背景的。这一时期正是美国政治、经济、文化的转折期。从综合国力看，20世纪60年代后特别是20世纪70年代以来，美国实力相对削弱，而日本、欧盟经济迅速发展，如何应对来自欧、日等盟国的经济挑战成为政府和企业界不得不立即应对的首要课题。著名的"三边委员会"成立的初衷就是如何妥善应对和解决美、日、欧三边关系问题。从国内政治看，一方面，民权运动后遗症和"越战"综合征开始显现，给美国社会带来一系列前所未有的新问题，攸关美利坚民族的前途；另一方面"越战"及"水门事件"的发生使美国民众对政府的信任度降至最低点。受其影响，美国国会开始部分抢夺政府的外交权力，而民间机构也得以被重视以弥补政府权力之不足。从世界局势看，广大第三世界的民族解放运动及由此形成的新的力量群体开始整体性地将主要矛头指向美国，使美国不得不认真应对所面临的危机，著名的当前危机委员会即因此应运而生。从美苏争霸态势看，这一时期的军事力量对比发生了有利于苏联的变化，美国不得不在全球战略中由攻转守。

面对上述纷繁复杂的国际国内形势，美国统治集团迫切需要一大批能直接发挥政策导向作用的研究机构为其分忧解难，挽回颓势，重整旗鼓。同时，各种政治力量和利益集团围绕当前形势展开了激烈辩论，它们也都需要寻找自己的理论阵地和传声筒。

这一时期的另一特殊现象是，随着传统基金会、企业研究所等共和党保守派色彩浓厚的思想库在决策中的影响日增，民主党和自由派思想库按捺不住，决定与其竞争，因此一方面加强布鲁金斯学会和政策研究所等思想库的作用，一方面创建新的思想库；民主党的行动反过来又刺激了共和党保守派。为了不在竞争中占下风，保守派思想库又建立起更多的思想库，于是相与成潮，数量激增。[1]

就这样，这一阶段出现的思想库比其他三个阶段加起来都要多，是思想库发展史上最重要的20年。

思想库的爆炸式发展不仅有助于政策知识的专门化、政治化，而且改变了思想库与政府的关系。政府官员、国会议员甚至利益集团都希望找到合乎自己胃口的思想库，一方面委托其进行相关研究，另一方面借助其所提供的平台发挥更大作用或功能。

思想库数量的增多客观上带来一个问题，即如何超越竞争对手，在影响决策方面发挥更突出的作用。因此，这一阶段兴起的许多思想库开始更多地在推销自己的思想上下功夫。换言之，较之研究成果的制作过程，它们往往投入更多的精力和金钱进行包装以打通传递成果的关节，推销主张和观念之争占据了这一时期思想库的主流。因而，这一时期产生的思想库通常被称为 "推销型思想库"。最早也是最成功开创这类思想库先河的是传统基金会。其现任主席福尔讷就曾公开撰文介绍经验，总结了影响政府决策的 "四大法宝"：一是研究内容要及时有效；二是提交材料力求简短，最好不要超过10页；三是成果要对路，为此传统基金会先得花费许多时间搞清楚究竟哪些部门、哪些人是最需要这些材料的，然后有针对性地将材料 "递" 上去，求得成果发挥最大效益；四是可信，即研究成果的科学性和权威性，否则就是 "一锤子买卖"。[2]得益于这四条经验，传统基金会在一段时期可谓无往不胜，引得其他许多思想库羡慕不已，纷纷效法，致使思想库与政府的关系空前密切。

这一阶段还兴起一类所谓 "政治遗产型" 思想库，即离任政府

---

[1] Ricci, David M.*The Transformation*, *of American Politics*: *A New Washington and the rise of Think tanks* [M].Yele University, 1993: p.162.

[2] Edwin J.Feulner. *Ideas*, *Think tanks and Governments* [M].The Heritage Lectures, 51.

首脑以自己名字命名的研究机构，如威尔逊中心、卡特中心、尼克松中心等。这类思想库往往借助名声推销主张，显得对政策鼓吹更加关注。而有些人则宣称建立思想库是回避对总统候选人资金的限制。这其中包括多尔"更好的美国"、进步和自由基金会以及金里奇"美利坚契约"。总体来说，成立这些思想库是为了保持、深化总统及其他政治领导人的政治遗产。

第四阶段：20世纪80年代后期至今，是思想库的纵深发展时期。不仅其数量持续增加，而且逐渐形成国际和地方两大网络体系，思想库的作用已经深入到美国政治外交的各个层面。

冷战结束后，特别是全球化的发展，美国的国际影响在扩大，国家利益的外延也在伸展。面对这种新形势，美国思想库已不能满足于国内市场的开发，日渐感受到国际市场的重要。一方面，一些主要思想库在海外设立分所或研究项目部，如传统基金会、卡内基国际和平基金会、城市研究所均在莫斯科设立办公室，以输出"民主"和市场改革，帮助俄罗斯规划、实施市场转型的休克疗法。国际战略研究中心的一个国际研究项目，通过吸引来自世界各地的英才，使得该所能与其他研究所保持联系。另一方面，各思想库广泛建立与世界其他国家相应机构的学术联系，或者共同举办国际会议，或者设立访问学者项目，形成与国际研究机构不断兼容的新特点。目前来看，在全球和区域层次活跃的思想库也正是那些国内地位巩固者，在国内有高知名度。而大量美国思想库因规模、资金等局限，只能在国内活动。但是，即使局限于国内，思想库也注重建立网络，以求最大限度地发挥作用。近年来，许多位于华盛顿的思想库在东西海岸大城市开始建立分部；而远离首都的思想库也或者把重要部门迁到华盛顿（如位于加州圣莫尼卡的兰德公司最近就将国际部迁至华盛顿），或者在华盛顿设办事处（如蒙特雷国际研究院下属的不扩散中心就在华盛顿设有办公室）。

美国地方一级（主要是州级）思想库的发展近年也呈蓬勃之势。它的发展有赖于里根政府时期继承、发展尼克松政府的"新联邦主义"，限制联邦政府的权力，扩大州和地方政府的职权和干预经济的作用。州与地方政府拥有了更大的制定政策的权力，因此围绕各州政策制定的利益集团、游说活动日益增多。为了影响州政策的制定，国家级的大型思想库，在州企业家主要是保守派企业家的支持下，建立了大量有政治倾向的州级思想库，如美国报刊评述的那样，"在过去10年，州级的保守智囊机构像快餐店一样激增"。[1]据美国一位专家统计，在1980年到2000年间，州级思想库成倍增加，到1999年，有170家思想库在42个州活动，88家集中于州政策问题，其中50家为保守派思想库，14家为自由派思想库。州级保守派思想库只有3家在1978年前建立。[2]州级保守派思想库在规模、影响上占有明显优势。

超过82%的保守派思想库开展全方位研究，关注的问题更加广泛，而且就当前紧急的问题向政策制定者提供建议；只有35.7%的自由派思想库开展全方位研究，大量的只集中于二三个议题，多数州级自由派思想库集中于进行环境问题、生活质量问题的研究。[3]

随着思想库的发展，不同阶段产生的思想库不断发生变化。为了提高思想库的媒体上镜率，一些产生于进步时代的思想库采用了一些最近成立的思想库的战略，更加注重与政府部门、大型媒体之间的关系，改善了观念推销技巧。同样，一些刚成立的研究所向老思想库寻求管理经验。简而言之，思想库的发展不是新时期的思想

---

[1] 田志立.试论美国思想库对美国外交政策的影响[J].世界经济与政治，1997：65.

[2] Andrew Rich. *Experts and Advocate:Think tanks in the states* [J].Annual meeting of the American political science Association, Novermber 9,2001：p.1.

[3] Andrew Rich. *Experts and Advocate:Think tanks in the states* [J].Annual meeting of the American political science Association, Novermber 9,2001：p.2.

库取代原有的思想库，而是共存且相互竞争。[1]

三、美国思想库的发展趋势

经过百余年的发展，思想库在美国政治决策中发挥着越来越重要的作用，以至有的政治学家认为"很难将政府机构与思想库截然分开"。作为美国政治决策过程的重要参与者，思想库参与政治的方式、特点一直是学界争论不休的问题。分析、研究思想库在未来美国政治中的作用是一个复杂的课题，非本书所能涵盖，但仍可从思想库近年来的发展趋势中窥见一斑。

1. 新成立的思想库有更明确的观念倾向。1970年以前，3/4的思想库都是"中立"的或没有确定观念倾向。1970年，59家思想库中只有14家有观念倾向，约占24%。而到1996年，在300余家主要的思想库中，有141家（46%）为"中立"或无确定观念倾向，而165家（54%）思想库是有观念倾向的。在有明确观念倾向的思想库中，保守派思想库占65%，自由派占35%。1985—1995年保守派思想库增长的数量是自由派思想库增长数量的3.5倍，没有明确思想倾向的是自由派的1.3倍。20世纪90年代，在国家级思想库中，保守派思想库的增长率为每年平均2.6家，自由派思想库为1.3家，没有明确思想倾向的则为2.7家。这些说明，有观念倾向的思想库发展速度比没有观念倾向的思想库发展速度要快。

2. 思想库发展日趋保守化。保守派思想库，特别是州级保守派思想库在数量、规模、影响上的优势日益显现。自20世纪80年代开始，在州级政策企业家（policy entrepreneur）的支持下，帮助建立州一级思想库成了保守派思想库的优先目标。1984年在芝加哥建立的中央地带研究所和1985年在丹佛建立的独立研究所是最早受益于传

---

[1]　Donald E.Abelson. *Do Think tanks Matter? Opportunities,Constraints and Incentives for Think tanks in Canada and the United States* [J].Journal of Interdisciplinary International Relations，Apr.2000，Vol.14 Issue 2：p.213.

统基金会的两家州级思想库。传统基金会允许独立研究所、中央地带研究所及其他新成立的保守派思想库求助于传统基金会在当地的专家，基金会主席福尔讷还专门写推荐信为州级保守派思想库募集资金。到20世纪90年代，州级保守派思想库已完全实现了研究成果共享。相比较而言，对自由派思想库，基金会则动作迟缓，自由派思想库获得资源的能力也无法与保守派思想库相抗衡。[1]到20世纪90年代中期，在州一级思想库中，约半数是保守派，国家级则为1/3。而在州和国家级的思想库中，自由派思想库则只占总数的1/5。保守派思想库的资源更多于自由派思想库。保守派思想库与自由派思想库的数量之比为2：1，而花费之比为3：1。1995年州级保守思想库的资金总量为2840万美元，而自由派思想库则为880万美元。1998年，州级保守派思想库的平均预算为99.3万美元，而自由派思想库则为83万美元。

　　保守派思想库的涉及领域更广。保守派思想库的工作领域包括外交、内政等，而自由派思想库则相对集中于某个问题或某几个问题（如妇女权利、低收入者的住房问题等）。在国家层次上，21%的保守派思想库开展全方位研究，而只有8%的自由派思想库进行全方位研究。1996年，40个州级保守派思想库（占保守派思想库的82%）在31个州开展全方位研究，相比之下，自由派思想库只有41%在9个州开展全方位研究。2000年，50家州级思想库能在国内活动。

　　3. 新成立的思想库，特别是保守派思想库日益热衷于鼓吹其研究和思想。进入20世纪90年代中期后，保守派思想库比自由派思想库更注重寻求借助媒体宣传其研究成果。因为，美国的保守派思想库拥有更多的资源，而且这种风格更符合其组织偏好。实际上，保

---

[1]　David Callahan. *State Think tank on the Move* [J]. Nation，10/12/98，Vol.267，Issue 11：p.17.

守派思想库在政策讨论中有更高的媒体上镜率（见表2-1）。[1]

表2-1　1996年思想库在主要报刊中的上镜率比较

报纸	保守派思想库	自由派思想库	无法确认思想倾向的思想库
基督教科学箴言报	29.7%	13.1%	57.2%
纽约时报	28.5%	9.2%	62.3%
今日美国	34.0%	9.9%	56.4%
华尔街周刊	48.2%	7.1%	44.8%
华盛顿邮报	30.4%	11.4%	58.3%
华盛顿时报	62.1%	4.1%	33.8%

　　由于在数量、规模、工作覆盖范围的差异，保守派思想库在宣扬和推销其成果时有着明显优势。其目的是获取高知名度和对政策讨论的影响，而且取得了某种程度的成功。其中的典型是传统基金会。20世纪90年代中期以来，保守派思想库的媒体引用数，与自由派思想库相比占有绝对优势（见表2-2）。[2]一些老的思想库以及自由派思想库批评保守派思想库，特别是传统基金会的做法，但也不得不承认需要模仿传统基金会的风格。正如城市研究所的一位前总裁指出："越来越多的研究者想看到他们的成果公之于众，最近10年来，我愈发鼓励学者们这样做。"

表2-2　1996—2000年媒体引用数比较

	1996	1997	1998	1999	2000
保守派思想库 52.8%	7746 54%	7733 53%	9443 55%	8940 52%	11107 50%
中间派思想库（或无法确定）	4665 33%	4623 32%	6403 34%	5795 34%	6634 30%
自由派思想库	1837 13%	2267 15%	2029 11%	2493 14%	4471 20%

[1]　Andrew Rich, R.Kent Weaver. *Think tanks in the U.S.Media* [J]. Harvard International Journal of Press Politics，Fall 2000，Vol.5 Issue4：P.105.

[2]　Nexis database search of major newspapers and radio and TV transcripts.转引自Think Tank Monitor 1996—2000.

4. 思想库不断调整以适应形势变化。当国内外形势有了重大变化或发生重大危机、要筹划新的战略部署、制订新的对策和提出新的解决危机的办法时，必然有许多新的研究机构出现，如1997年创建的"美国新世纪计划"等；而一些老的机构也相应转型，如在冷战结束后，一些从事东西方关系的思想库改为研究中东问题；[1]而有的思想库因不适应形势的发展而被淘汰，如冷战时期红极一时的当前危机委员会。"9·11"事件后，美国一些思想库，如传统基金会、布鲁金斯学会加强了对恐怖主义的研究，并出版了研究成果。与此同时，一些针对"9·11"事件后美国如何进行国土安全保卫及反思恐怖主义根源的思想库陆续诞生。如2001年11月，两名诺贝尔经济学奖得主之一的斯德格里茨成立了思想库——全球发展中心，为美国与世界最贫穷国家的关系提供政策指导。斯德格里茨认为，"过去两个月发生的事表明，帮助穷国发展，减少贫穷，防止国家崩溃既是国家安全目标又是道德目标。而此前尚没有思想库从事与发展中国家关系的研究"。此外，与威尔逊时代的思想库仅根据政策需求变化而进行调整不同，由于思想库之间竞争日趋激烈，今后思想库的发展不仅受到政策需求的影响，还将为筹集资金所左右。

为了争夺经费和迎合捐助者的意向，思想库日益集中于捐资者所关注的特定问题，如国际经济研究所的成立就是对基金会偏好支持专门项目的一种反应。

简而言之，作为政策制定过程的重要参与者，美国保守派思想库的超越性发展反映并加剧了美国社会保守化思潮的发展。与此同时，思想库将不断调整研究的范围、重点，以适应、满足对政策建议的需求。政府部门及其领导人仍然会就涉及国家外交、社会、经

---

[1] *What the Tanks Think*[J]. Economist，3/2/91，Vol.318, Issue 7696: p.26.

济等问题求教于思想库，但很难得到客观的建议。[1]

第二节 美国思想库的主要类型

与世界其他国家相比，当代美国社会中的思想库可谓五花八门，数量惊人。根据美国《协会大全》统计，美国有各类协会2.5万多个，其中各类思想库有1000多个，是世界上思想库最多的国家。仅在华盛顿特区就有大大小小100多个综合类或专业性的思想库。美国的思想库，有的以对外政策为研究对象，有的以国内政策为工作目标。不过，为世界其他国家所熟知的通常是那些在对外政策方面较有影响力的思想库，如对外关系委员会、三边委员会、布鲁金斯学会、兰德公司、传统基金会、胡佛研究所、卡内基国际和平基金会、华盛顿国际战略研究中心、阿斯平研究所、卡特中心、尼克松中心等等。[2]为了对当今美国思想库的情况有全面的认识，本节拟根据思想库的不同特性对其进行归类分析。

一、按起源分，思想库可分为四种类型

第一类是由某些大富豪出资建立。其命名多有一定的纪念意义。如布鲁金斯学会、卡内基国际和平基金会、巴特尔纪念研究所、拉塞尔·塞奇基金会等。巴特尔纪念研究所就是根据俄亥俄州钢铁实业家戈登·巴特尔的遗愿创建的。而卡内基国际和平基金会是1910年11月25日美国著名的工业家、慈善家卡内基75岁生日之际资助1000万美元信托资金创办的，以建立一个机构"对公众进行和平

---

[1] Donald E Abelson. *American Think tanks and Their Role in U.S. Foreign Policy*[M]. NY：St.Martin's Press，1996：p.125.

[2] Diane Stone，Andrew Denham，Mark Garnett. *Think Tank Across Nations: A comparative approach*[M]. Manchster University Press,1998: p.107.

教育，在全国推广仲裁司法，促进世界商业免受战争的威胁"。[1]

第二类是由政府组织、资助成立的。如兰德公司、赫德森研究所、城市研究所等。位于加利福尼亚州的兰德公司毫无疑问是其中的代表。1945年底，空军司令阿诺德与道格拉斯公司签订1000万美元的合约资助兰德项目，即"对火箭项目技术进行研究。"由于双方合作难以为继，后来空军希望成立独立的、非营利的公司继续完成道格拉斯留下的工作。在初期投入100万美元启动资金及在兰德公司项目中剩余的500万美元基础上，美国空军于1948年5月成立了兰德公司。其宗旨是"推动学术研究、教育、慈善事业目的，一切均为美利坚公众的安全。"[2]

第三类是由社会中"志同道合"的力量倡议、集资而建。如布鲁金斯学会、传统基金会、三边委员会等。三边委员会的建立就是一些对当时国际形势有共同看法的企业界、学术界人士共同发起的。在20世纪70年代早期，大卫·洛克菲勒认识到有必要促进发达工业国之间在动荡不定且难以预料的国际环境中有更大的协调，提议创办一个非政府性、以制定政策为导向的组织，为北美、日本、西欧的政治领导人提供一个论坛，以讨论共同关注的经济、政治、安全问题。而地缘政治学家兹比格纽·布热津斯基也致力于强调在日益相互依存的世界里，全球安全有赖于"资本主义国家承担责任"，认为有必要建立某种机制推动国际经济、政治合作。为此他明确提出了建立三边委员会的设想："为解决人类面临的更广泛问题，有必要创建一个发达国家的组织。除了美国、西欧外，日本也应被包括进来。在这样一个组织里，既应有小型常设机制，也应有三方首

---

[1] Donald E Abelson. *American Think tanks and Their Role in U.S. Foreign Policy*[M]. NY：St.Martin's Press，1996：p.30.

[2] http://www.rand.org.

脑定期会晤机制。"[1]

第四类是由离任总统或者为纪念某个政治人物而设的。这种带有政治遗产性质的思想库兴起于20世纪70年代，由希望在离任后仍能发展他们政治观念的知名官员（或他们的支持者）、前任总统创立。这些思想库的活动也正在引起政策制定者（机构）的关注，如卡特中心、尼克松中心等。[2]由于思想库创建者的名气，这些思想库往往在很短时间内即获得高额的资助。如：1982年成立的卡特中心，研究人员现已超过200名，预算已逾千万美元。[3]

二、按规模分，思想库分为大型、中型、小型三类

1. 小型思想库

小型思想库的专职研究员只有十余人、几个人，甚至一人，年度经费基本上不超过100万美元。这种只有10来个研究人员和职员、几十万美元年度预算的小型研究机构占了美国政策咨询机构的80％。[4]一般说来，这类思想库没有能力从事广泛的外交政策研究，而往往将有限的经费投入到某一专门领域，并多依赖大学学者撰写研究报告。有的学者认为，没有一定规模的预算，思想库就不能开展广泛的研究及与媒体相关的项目，以吸引政策制定者。更重要的是，没有充足的资金来源，思想库则不能吸纳知名研究者进行与政策相关的研究。[5]而且，此类思想库大多不在华盛顿，远离政治中心，这就决定了其直接影响政府决策的能力有限。实际上，小型思

[1] Donald E Abelson. *American Think tanks and Their Role in U.S. Foreign Policy*[M]. NY：St.Martin's Press，1996：p.61.

[2] Donald E.Abelson. Do Think Tanks Matter? Opportunities，Constraints and Incentives for Think Tanksin Canada andtheUnited States[J]. Journal of Interdisciplinary International Relations，Apr2000，Vol.14，Issue 2：p.218.

[3] Diane Stone，Andrew Denham，Mark Garnett,*Think Tank Across Nations: A comparative approach*[M]. Manchster University Press,1998：p.115.

[4] 袁鹏.美国思想库：概念及起源[J]. 国际资料信息，2002（10）：2.

[5] Donald E.Abelson. *Do Think Tanks Matter? Opportunities,Constraints and Incentives for Think Tanks in Canada and the United States*[J]. Journal of Interdisciplinary International Relations,Apr.2000,Vol.14,Issue 2：p.220.

想库在专门问题上仍能发挥关键性作用。如：暴力政策中心就曾在枪支控制的讨论中经常向新闻媒体、国会议员提出研究报告。其年度预算为3万美元，只有一名全职工作人员。[1]这类思想库更重视通过出版学术刊物间接影响美国的政策，而且往往能发挥出（就其规模而言）令人难以想象的影响力。这类思想库中比较著名的还有：总部设在麻省的外交政策分析研究所和总部设在路易斯安那州的外交政策研究所。

2. 中型思想库

这类思想库的特点是规模适中，人员大致在十余人至几十人左右，年度经费不超过1000万美元。中型思想库中最为典型的是凯托研究所，该所有十余名工作人员，研究范围相对较宽，包括外交、社会、经济等领域。中型思想库对外政策有一定的影响力，而在某些特定的时刻，此类思想库有着大型思想库望尘莫及的能量。但从长期来看，其影响决策的能力逊色于大型思想库。如20世纪80年代的当前危机委员会，以其提出的对苏联强硬政策而深得时任总统里根的信任，后随着国际形势的变化，该组织在20世纪90年代初期就已销声匿迹。

3. 大型思想库

这类思想库的科研人员一般超过100人，年度经费也在1000万美元以上，主要集中在华盛顿，接近权力中心。即使不在华盛顿，也在华盛顿设有分部或办事机构。大多数大型思想库的研究范围较广，并将主要精力投入外交政策研究。[2]这类思想库较之小型、中型思想库对美国外交政策起着更为重要的作用。如：国际战略研究中心聘用100多名研究人员、助手，主要研究领域涉及国际关系、美国

---

[1] Ted Gest. *Little Think Tank*；*Big Impact*[J]. U.S.News & World Report，12/6/93，Vol.115，Issue 22：p.26.

[2] Donald E.Abelson. *From Policy Research to Political Advocacy*：*The Changing Role of Think tanks in American Politics*[J]. Canadian Review of American Studies,Winter95,Vol.25,Issue 1：p.96.

外交政策、各国实力分析、海事政策等，该机构在提出解决方案时无需参考其他机构的政策观点。[1]该研究所提出了战略发展趋势理论，根据此理论编写的《世界各国实力评估》一书，及该所研究人员克莱因提出的国力方程具有很高的知名度。[2]

值得注意的是，由于美国思想库的规模在不断发展、扩大，其衡量标准也与时俱进。如：1970年，美国企业研究所的预算为100万美元，1982年则达到1200万美元。1967年，布鲁金斯学会的预算为470万美元，而1983年的预算为1180万美元。[3]可以预见，随着思想库的发展，评判思想库规模的标准也将发生相应的变化。

表2—3　美国主要思想库年度经费（以1999—2000年度为例）

思想库名称	年度经费预算（美元）
布鲁金斯学会	2000多万
国际战略研究中心	1000多万
兰德公司	1亿多
对外关系委员会	2000多万
卡内基国际和平基金会	1000多万
美国企业研究所	1000多万
凯托研究所	1000万~2000万
传统基金会	3000多万
美国和平研究所	1000多万
尼克松中心	200~500万
胡佛研究所	2000多万
外交政策研究所	100万~200万
赫德森研究所	1000多万
卡特中心	1000多万

三、按资金来源分，思想库可分为受政府资助型（合同型）和基于社会力量筹集型两大类

政府资助型（合同型）思想库。在受政府资助的思想库中，有

---

[1]　David M.Ricci. *The Transformation of American Politics：The New Washington and the Rise of Think Tanks*[M]. New Haven：Yale University Press,1993：p.1.

[2]　吴天佑，傅曦.美国重要思想库[M]. 北京：时事出版社，1982：117.

[3]　David M.Ricci. *The Transformation of American Politics：The New Washington and the Rise of Think Tanks*[M]. New Haven：Yale University Press,1993：p.2.

的属国会拨款，如美国政府和国会的重要智囊团美国和平研究所。该所自称为"由美国国会建立和拨款的独立的非党派研究机构。"[1]这类思想库中比较著名的还有东西方中心、威尔逊国际学者中心等。有的则通过与美国联邦政府签订研究合同为其获得研究经费的主要来源。最著名的是兰德公司，至今仍然是"美国政府机构提供最大份额支持"的思想库。兰德公司1998年的收入81%来自联邦政府的合同，1999年这一比例仍高达76%。[2]这类思想库的特点是常常不太重视增加媒体上镜率及撰写时事评论文章，而更加关注获得及时的、有助于增加预算的研究项目。那些为防务部门工作的思想库表现得尤为突出，[3]这是因为其主顾不愿意将其工作公之于众。

通过社会力量获得资金的思想库。其中有些研究所完全依赖向各种机构或个人提供经济、信息及技术方面的研究成果来筹集经费。但获得各种机构、个人捐款的思想库占大多数，如对外关系委员会、布鲁金斯学会、传统基金会、胡佛研究所等知名思想库也在此之列。布鲁金斯学会的资助者来自138家公司，如贝尔、惠普、杜邦以及由公司设立的基金会，美国快递、道格拉斯公司以及一些媒体大亨，如时代华纳公司、华盛顿邮报集团也在捐助者之列。该学会1997年的2100万美元预算中的310万美元来自公司捐款，另有一部分来自基金收入，1/3的收入来自研讨会的收费。[4]胡佛研究所2000年的资助者也多达近百家。而传统基金会1999年总收入为4360万美元，其中个人捐款占42%，其他基金会捐款占18%，社团法人捐款占10%，投资所得占27%，出版物销售占3%。[5]美国一些知名的思

---

[1] http：//www.usip.org.

[2] http://www.rand.org.

[3] Andrew Rich, R.Kent Weaver. *Think Tanks in the U.S*[J]. Media, Harvard International Journal of Press/Politics, Fall2000, Vol.5, Issue 4：p.86.

[4] Sam Husseini. *Brookings The Establishment's Think Tank*[Z]. Think Tank Monitor，Nov./Dec.1998：p.4.

[5] 王晓民，蔡晨凤.美国研究机构及其取得成功的原因[J].北京大学学报（哲学社会科学版），2001（1）：90.

想库除了得到国内赞助者的资助外，还接受外国基金的资助。20世纪六七十年代，随着美国企业研究所、传统基金会等新的保守派思想库的出现，以及洛克菲勒、福特等美国大型基金会的捐赠减少，华盛顿一些思想库，包括布鲁金斯学会等研究所开始接受国外捐款。[1]据报道，传统基金会每年可以收到我国台湾地区和韩国成千上万美元的资助。韩国情报机关在20世纪80年代给了传统基金会220万美元。传统基金会承认收到来自三星协会的40万美元，而另一个捐助者韩国基金会在3年内共给了传统基金会100万美元。自1972年开始，布鲁金斯学会就开始接受来自日本的捐款，[2]有的研究所因收受国外捐赠而受到指责。1981年，国际战略研究中心接受了丰田公司的100万美元以设置一个有关日本问题的高级职位。前财政部官员、国际经济学会主任C.弗雷德·伯格斯坦认为，国际战略研究中心走得太远。他说："同任何资助者协商办事，都将使以分析为基础的工作的独立性和完整性遭受损害。"受社会力量支持的思想库的共同特征是注重自己的媒体上镜率。这是出于提高知名度和争夺资金来源的需要，而且媒体可以影响政策制定者。对于那些资助者和项目提供者而言，研究机构的媒体曝光率往往被认为是评估组织成功的一个标准。[3]

四、按隶属关系分，思想库可分为四类

一是独立的民间研究机构。其经费一般靠自筹或由基金会、大企业资助，在组织上独立于其他任何机构。如卡内基和平基金会、传统基金会、布鲁金斯学会。这些研究所往往标榜自己的"独立

[1]　[美]约翰·B.朱迪斯.日本人的传声筒[M]//冷战后的美国与世界.中国现代国际研究所选编.北京：时事出版社，1991：153.

[2]　Norman Solomon. *The Media's Favorite Think Tank How the山e Heritage Foundation Turns Money into Media*[Z]Think Tank Monitor, July/August1996：p.3.

[3]　[美]约翰·B.朱迪斯.日本人的传声筒[M]//冷战后的美国与世界.中国现代国际研究所选编.北京：时事出版社，1991：154.

性",并把独立性看作是信誉的象征。曾任布鲁金斯学会会长的布鲁斯·麦克劳里说:"保持超学派立场是我们章程的一个部分,而且是我们保持信用的唯一办法。没有什么比这更重要了。"[1]

二是依附于政府,接受政府或其所属部门的委托进行研究的机构。除了和平研究所等联邦政府设立、根据政府的需要开展研究的机构外,还有一些研究所因与政府或其中某部门之间有长期的研究合同,而被认为与政府关系密切。如兰德公司被称为"美国的大脑",其绝大部分经费来自美国政府签订的合同(其中空军、陆军、国防部提供的经费占60%以上),负责从国家防务、公共住房到少数民族的融合等问题的研究,[2]而海军分析研究所、赫德森研究所、城市研究所等也向政府部门提供各种服务。[3]著名的威尔逊中心更是典型的政府型思想库。

三是依附于大学的研究机构。美国思想库被称为"学术界"与"政界"的桥梁,思想库与学术界关系可见一斑。有些研究所原隶属于大学,后与之脱离而独立。如1955年成立的外交政策研究所原隶属于宾夕法尼亚大学,为了获得更大的稳定性,于1970年成为独立的机构。[4]有些研究所则由与学校的隶属关系成为合作关系。国际战略研究中心原隶属于乔治城大学,后成为独立机构。出于研究和筹集资金的需要,乔治城大学和国际战略研究中心认识到由两个机构知名学者组成咨询委员会对两家都有利,因此又明确了两家的合作关系。[5]而现在仍有一些思想库依附于学校开展活动。如设在斯

[1] Andrew Rich, R.Kent Weaver. *Think Tanks in the U.S. Media*, Harvard International Journal of Press/ Politics,Fall2000,Vol.5, Issue 4: p.85.

[2] [美]伦纳德·西尔克,马克·西尔克.美国的权势集团[M]. 金君晖, 等译.北京: 商务印书馆, 1994: 182.

[3] 王晓民, 蔡晨风.美国研究机构及其取得成功的原因[J]. 北京大学学报(哲学社会科学版), 2001 (1): 87. Donald E.Abelson. From Policy Research to Political Advocacy: *The Changing Role of Think tanks in American Politics*[J]. Canadian Review of American Studies,Winter95,Vol.25,Issue1: p.106-108.

[4] http: //www.nira.go.jp.

[5] Donald E Abelson. *American Think tanks and Their Role in U.S. Foreign Policy*[M]. NY: St.Martin's Press, 1996: p.155.

坦福大学内的胡佛研究所现在仍接受大学给予的资助，1998年大学向该机构提供的资助占其当年预算的19.5％。[1]现今这类思想库的网站多设在大学网站内，如密西西比州立大学国家安全与战略研究中心的网址为http：//www.missstate.edu/CISS。这类思想库较著名的还有约翰斯·霍普金斯大学的保罗·尼采高级国际关系学院（SAIS）、乔治·华盛顿大学的西格尔研究中心、乔治城大学的外交政策研究所等等，凡此不下数十个。

四是党派隶属的研究所。尽管诸多思想库被认为与两党关系密切，如胡佛战争、革命与和平研究所曾被认为是共和党的"影子政府"，美国企业公共政策研究所有共和党的权势集团之称，布鲁金斯学会被称为民主党的"流亡政府"，但是在美国相对明确隶属于某一党派的思想库仅有1家，即隶属于民主党领导委员会的进步政策研究所。[2]该研究所是民主党领导人委员会的研究部门，这个委员会主要是中右民主党人的联盟。该研究所长期为民主党出谋划策，就一系列内政、外交问题提出建议。《变换的职责》一书就是进步政策研究所为美国面对变化的世界提出的应对方案。[3]

五、按职能性质分，思想库可分为学术（教育）型、政府合同型、政策鼓吹型三类

受美国政治、文化环境变化的影响，不同历史阶段产生的思想库的职能性质多有差异。

学术型思想库。是指那些为政府官员提供政策专业知识，而不是去游说政府部门去执行其政治议程的思想库，因此又被称为"没有学生的大学"（university without students）。这类思想库提供一种

---

[1]　http://www.hoover.standford.edu.

[2]　杨洁勉.后冷战时期的中美关系：外交政策比较研究[M].北京：世纪出版集团，2000：230.

[3]　Donald E.Abelson. *Trends in Search of Policy Influence: The Strategies of American Think Tanks*[J]. NIRA Review: p.6.

氛围，鼓励学者开展社会、经济、政治问题调查。尽管这些研究所吸引了政治信念各异的政策专家，但其机构本身很少变为意识形态的战场。学者本人有时会明显支持或反对政府的政策，但学术型思想库的首要目标不是介入决策过程，而是作为一个提供政策建议的渠道。正如工业研究局的创办人约翰·卡门斯所说："经济学家就是领导者的顾问，而不是面向大众的公共政策宣传者。"[1]这类思想库的代表主要有20世纪初成立的拉塞尔·塞奇基金会、卡内基国际和平基金会、工业经济研究局、对外关系委员会等。目前隶属于各个大学的思想库，如哈佛大学费正清东亚研究中心等，也多属学术（教育）型思想库。

政府合同型思想库。是指那些以与政府签订合同，开展针对性研究和评估性研究为主要职能的思想库。政府所关注的环境、国民经济、安全及防务政策问题往往成为这类思想库研究的重点。这类思想库多产生于20世纪40年代末期及20世纪五六十年代。如1943年成立的美国企业协会（1960年更名为美国企业研究所）以及1943年在商务部推动下建立的经济发展委员会，其最初目标是研究由战时经济向和平时期经济转换中遇到的难题。[2]1968年成立的城市研究所从事城市管理、失业、通货膨胀、收入分配、为贫困家庭提供住房及福利改革等问题的研究。[3]在研究方法上，该研究所与学术型思想库别无二致，运用统计、数量分析、社会实验及政策科学的方法，以减少和解决公共政策难题。但由于对政府合同的依赖性，它们更易受到政治和预算的压力。如近年来，由于防务信息中心总裁布莱

[1] Smith,James Allen. *The Idea Brokers: Think Tanks and the Rise of the New Policy Elite*[M]. New York: Free Press, 1991: p.36.
[2] James D. Carroll. *James A. Smith's the Idea Brokers: Think Tanks and the Rise of the New Policy Elite*[J]. Perspectives on Political Science, Summer1992,Vol.21,Issue 3: p.154.
[3] James D. Carroll. *James A. Smith's the Idea Brokers: Think Tanks and the Rise of the New Policy Elite*[J]. Perspectives on Political Science, Summer1992,Vol.21,Issue 3: p.155.

尔多次批评美国的核政策，呼吁进行核裁军，该研究所受到了五角大楼的冷落，再也没能获得国防部的合同。[1]

政策鼓吹型思想库（policy adavocacy）。是指强调推销主张、进行观念争辩甚于进行政策研究的思想库。其成果多是以政策简报和报道等简短、快捷的形式出现，而不重视出版书籍和著作等。20世纪六七十年代，思想库的数量激增，有更多的思想库开始参与决策体系，而且用于增强自身影响力的策略发生了显著变化，向决策者提供及时的相关政策建议，而不是进行长期的学术研究，开始成为许多新思想库的首要目标。传统基金会就自称"该会的关键在于能及时向政策制定者与公共舆论的领导者提供当前重要事项的最新研究成果"，其对推销主张的重视超过了学术研究。1998年，传统基金会将20%的预算用于向议员和媒体推介其观点，并有10余名全职工作人员负责协调与国会、国家级新闻媒体的关系。[2]而在20世纪90年代中期，传统基金会只有15.3%的预算用于学术研究活动，国家经济研究局则有93%的年度预算用于研究活动。[3]前国会预算办公室负责人、现布鲁金斯学会研究员罗伯特·瑞舍尔称："传统基金会比其他思想库更热衷于保持与国会山共和党领导人的接触。"传统基金会的做法被保守派思想库视为样板，竞相效仿。一些老的保守派思想库也由出书和写报告转而注重政策简报。正如一位美国企业研究所的学者指出的那样，"我们注意到人们不再阅读长篇报告，你得迅速写出简短报告，这样你才会更有影响力。"[4]

---

[1]　George C.Wilson. Defense Think Tank Tries for a Makeover[J]. National Journal,Vol.32，Issue 27, 07/01/2000：p.2176.

[2]　Norman Solomon. *The Media's Favorite Think Tank How the Heritage Foundation Turns Money into Media*[Z].Think Tank Monitor, July/August 1999.

[3]　Donald E Abelson. *American Think tanks and Their Role in U.S. Foreign Policy*[M]. NY：St.Martin's Press，1996：p.4.

[4]　Andrew Rich. *US Think Tank and Intersectiorl of Ideology Advocacy and Influence*[J]. NIRA Review.

六、依据政治倾向分，思想库主要分为自由派、保守派两大类；其中又可分如中-左、中-右等流派，统称中间派

美国的法律虽然禁止思想库参加党派活动，但如同美国存在自由主义、保守主义等各种政治思潮一样，绝大部分思想库的政治主张都是有一定倾向性的。因此，美国媒体、记者，特别是研究思想库的学者一般都将思想库分成上述三个流派，划分这些流派的主要依据是其政治倾向。自由派思想库强调的是社会福利，提倡政府干预社会和经济事务，强调政府的功能，在对外政策方面倾向国际主义、多边主义，支持温和、宽容的对外政策，主张裁军和军备控制、接触谈判和国际合作。保守派思想库则是赞成市场经济，反对政府管制经济，主张政府收支平衡，削减政府开支，反对民权立法，在对外政策方面倾向单边主义，支持强硬的对外政策，主张军备优势、鼓吹部署导弹防御系统、防范遏制和美国第一。中间派思想库则介于两者之间。布鲁金斯学会、经济政策研究所、凯托研究所等通常被看作是自由派思想库的代表，而传统基金会、企业研究所、胡佛研究所、国新世纪计划则是保守派思想库的代言人，其中美国新世纪计划堪称极端保守思想库。由于政治主张的相似性，舆论多认为自由派思想库一般与民主党关系密切，而保守派思想库是共和党的大本营。

但是，在具体某一个思想库的性质认定上，各报纸、杂志则分歧很大。如因其总裁来源于共和党阵营，布鲁金斯学会被有的报纸认定为是保守派思想库，而有的报刊因布鲁金斯学会与多届共和党政府关系失和，则认定其为自由派思想库或无法确认倾向，而不是保守派思想库。[1]因此，我们对思想库政治倾向的分类主要是根据这些思想库对自己思想观念的描述，而不是依赖新闻媒体和政策制定

---

[1]　Sam Husseini. *Brookings The Establishment's Think Tank*[J]. Think Tank Monitor，Nov./Dec.1998：p.1.

者的判定，具体分类依据主要是思想库年度报告中任务声明或介绍性声明的关键词而定，如将声明中出现"限权政府""自由市场体系"等关键词的思想库定义为保守派思想库。传统基金会自称"是一个非党派、免税的政策研究机构，致力于自由竞争、限权政府、个人自由及一个强大国防原则。"[1]故可以认定其是一家保守派思想库。而自由派思想库的界定则基于"贫穷或低收入人民""社会公正和多元化""进步主义"等关键词。根据美国政治学教授安德鲁·里奇（Andrew Rich）的统计，20世纪90年代中期，38%的思想库是保守派，43%是中间派或"无法确认倾向"，19%是自由派思想库。[2]中间派思想库的观点因问题而异，在有的问题上可能持自由主义的观点，在其他一些问题上则可能持保守主义立场，其观点的倾向性难以确定，很难把这样的思想库归入其中一类。正如有学者所说，"将思想库贴上观念的标签是区分政策研究机构的好办法……但并非所有的思想库都有明显的观念倾向。"[3]如凯托研究所在强调个人自由、自由市场、限权政府、联邦政府不得干预州的贸易活动等方面具有明显的自由派思想库特征，但在教育问题上其观念则走得比一般保守派思想库还远。因此，其网站上标签众多，如"保守主义""自由主义""新自由主义"等等。[4]

由于学者对思想库概念、功能认识的不同，对思想库的分类方法也很多。除本文提出的几种分类方法外，有学者将思想库分为民间独立研究机构、大学研究机构、营利性和半营利性研究机构、政策咨询和策划机构，以基金会为名的研究机构、民意调查机构、学

[1] http://www.heritage.org.

[2] Andrew Rich, R.Kent Weaver. *Think Tanks in the U.S. Media*[J]. Harvard International Journal of Press/Politics,Fall2000,Vol.5, Issue 4：p.99.

[3] Joseph A.D'. Agostino. *Human Events* Cato Institute[Z]. 5/20/2002，Vol.58,Issue l9：p.14.

[4] Donald E.Abelson. From Policy Research to Political Advocacy：*The Changing Role of Think tanks in American Politics*[J]. Canadian Review of American Studies,Winter95,Vol.25,Issue 1：p.96. 1-p.115.

术性机构等。[1]也有的学者将思想库分为多样性的学术机构、专业性的学术机构、合同或咨询性质的机构、有政策倾向性的学术机构、政策规划性机构、出版机构、州范围内活动的机构等。[2]总而言之，不同的分类为我们从不同的侧面了解思想库提供了参照。

[1] 吴天佑，傅曦.美国重要思想库[M]. 北京：时事出版社，1982：前言.

[2] Donald E Abelson. *American Think tanks and Their Role in U.S. Foreign Policy*[M]. NY：St.Martin's Press，1996：p.4.

第三章　美国现代基金会的发轫[1]

在全世界，非政府非营利组织（简称NGOs，中国现在统称社会组织）已成为现代社会一种重要的治理组织机制，从自然灾害救助到环保运动，从战区粮食、医药供应到控制艾滋病的传播，到处都有NGOs的身影。而世界上将非营利组织运用到极致的，美国可算数一数二。"美国人百分之百的有组织的宗教活动、为数极多的文化艺术、人文服务、教育研究，都是通过民间非营利组织进行的。"[2]著名的法国政治思想家兼历史学家亚历克西斯·托克维尔（Alexis de Tocqueville，1805—1859）于1831年至1832年在美国进行了为期9个月的访问。在此期间，美国活跃的民间团体给了他深刻的印象，以至他在《美国的民主》（1835年）中得出了这样的结论："在世界上没有哪一个国家像美国这样将结社原则应用于这样广泛大量的目的而如此成功的。"[3]

在形形色色的NGO组织中，基金会是最有实力和影响力的。据一份2008年的统计，美国共有112 000个私人基金会，拥有6270亿美元的资金。[4]基金会不但对这些资金的支配有很大的自主权，其本金投资所得还享受2％的低税。正因如此，从20世纪初卡内基（Andrew Carnegie，1835—1919）、洛克菲勒（John D.Rockefeller，1839—

[1] 马秋莎.改变中国：洛克菲勒基金会在华百年[M].桂林：广西师范大学出版社，2013：15-52.

[2]David Hammack ed. *Making the Nonprofit Sector in the United States*[M]. Bloomington, IN: Indiana University Press, 1988：P.XV.

[3] Alexis de Tocqueville. *Democracy in America*[M]. New York, NY: Mentor Books, 1956：P.95.

[4] Helmut Anheier, David Hammack eds. *American Foundations, Roles and Contributions*[M]. Washington D.C.: Brookings Institution Press, 2010：p.3.

1937）建立大型现代基金会起，公共舆论和学术界对这些机构的作用及影响力的争论就从来没有停止过。有的学者甚至批评大基金会对文化的控制权和影响力不逊于国家权力。[1]尽管如此，基金会的发展却有如后浪推前浪。过去的20年是美国基金会发展的高峰，最新的如美国亿万富翁比尔·盖茨和他太太梅琳达成立的盖茨基金会。在股神巴菲特的加盟下，该基金会的资产高达数百亿美元。[2]这些基金会不但能在国内政治与社会事务中呼风唤雨，而且在国际舞台上也是一个无所不在的角色。比如，福特基金会自中国改革开放以来对中国NGOs兴起的影响就不可低估。[3]NGO研究领域著名美国学者安海尔和哈迈克在2010年出版的《美国基金会：角色与贡献》一书中宣称，在所有的工业国中，美国早已赢得拥有最大规模慈善事业的名声，与欧洲和亚洲的同行相比，美国慈善基金会的历史更加长远和连绵不断。[4]

　　为什么基金会能有如此广泛的影响和经久不衰的生命力？基金会是在怎样的历史条件下产生的，其动机、资助领域和运作原则对民间组织的整体发展和社会进步又有着怎样的影响？为什么从社会进步运动到当代第三部门研究对此种组织持批判态度？这些极为重要的问题直接关系到本书主题：洛克菲勒基金会为什么到中国来？又是怎样利用其"科学医学"和"科学慈善"来影响中国的？简言之，研究洛克菲勒的在华经历，美国基金会的兴起是重要的历史背景。

　　20世纪第一个十年被有些学者视为"美国慈善事业的黄金英雄时代"。由卡内基和洛克菲勒领军，私人资本建立起一系列与19世

---

[1] Jeffrey Brison. *Rockefeller, Carnegie and Canada: American Philanthropy and the Arts and Letters in Canada*[M]. Montreal and Kingston, Canada: McGill-Queen's University Press, 2005.

[2] 到2006年，该基金会的资产达到292亿美元。而股神巴菲特2006年6月宣布要把370亿美元资产的83%托付给盖茨基金会管理。

[3] 马秋莎.全球化与中国NGOs的发展：机遇与挑战[J].开放时代，2006（2）：119-138.

[4] Anheier, Hammack. *American foundations*：pp.4-5.

纪慈善组织迥异的大型基金会和慈善机构，由此启动了后人所称的美国"慈善革命"。这些有远见卓识的人确立了自成一体的现代慈善事业，在其后的一个世纪中，虽有大量的新基金会出现，但是现代慈善机构的基本模式却已在开创时代就确立了。本章主要以洛克菲勒基金会的建立为例，来介绍美国现代基金会的发轫。第一部分首先解释一下现代基金会在美国问世并得以形成气候的三个历史文化因素：第一，19世纪后半期美国经济发展与社会变化的大背景；第二，美国文化中不信任、不喜欢大政府的政治传统和民间组织活跃的社会特点；第三，美国人以宗教和文艺复兴时代人道主义和人文精神为基础的慈善传统。三者的结合，成为卡内基、洛克菲勒等人创造时势、成就一番慈善事业的前提。第二部分通过洛克菲勒的个人成长经历和当时的社会、宗教和经济思潮来深入探讨现代慈善出现的文化背景。第三部分解释现代慈善与传统慈善的分野，并概述美国社会与学术界对基金会的批判。

　　研究洛克菲勒慈善事业20世纪前半叶在中国的事业，首先应该了解该基金会在当时的总体规模和机构体系。本书之所以在故事尚未展开时就列出下面这一大堆数字，是要为后面的文字叙述提供一种直观而量化的参照系。今天人们所说的洛克菲勒基金会，实际上是老洛克菲勒当年建立的几家大慈善机构之一。代表其现代慈善的第一家机构是他在1901年出资建立的洛克菲勒医学研究院（The Rockefeller Institute for Medical Research，RIM）。两年后，他又建立了普遍教育委员会（The General Education Board）。1909年，洛克菲勒拿出72 000股美孚石油的股份（相当于1990年的9亿美元）建立了洛克菲勒基金会，1913年基金会正式得到纽约州政府的执照。[1]为

---

[1]　John Farley. *To Cast Out Disease: A History of the International Health Division of the Rockefeller Foundation* (1913—1951) [M]. New York: Oxford University Press, 2003：p.3.

了纪念他的妻子，洛克菲勒又于1918年建立了劳拉·司佩曼·洛克菲勒纪念基金（Laura Speman Rockefeller Memorial）。老洛克菲勒早期给这些慈善机构的捐款总额如下：

洛克菲勒医学研究院：60 673 409.45美元

普遍教育委员会：129 209 167.10美元

洛克菲勒基金会：182 851 480.90美元

劳拉·司佩曼·洛克菲勒基金：73 985 313.77美元

总计：446 719 371.22美元

根据美国劳工部基于通货膨胀所进行的折算，1913年的1美元，相当于今天的21美元。也就是说，洛克菲勒在当年捐出的近4.5亿美元相当于2010年的近94亿美元。1923年，洛克菲勒的儿子约翰·洛克菲勒建立了国际教育委员会（The International Education Board）并为此捐了2000万美元。以上是洛克菲勒的捐款总额。下边是这些慈善机构从建立到1950年底为支持大量项目和其他机构所支付的善款总额：

洛克菲勒基金会

利息：325 754 751.35美元

本金：125 773 613.93美元

总计：451 528 365.28美元

普遍教育委员会

利息：132 339 912.86美元

本金：164 427 148.34美元

总计：296 767 061.20美元

劳拉·司佩曼·洛克菲勒基金（止于1929年1月）

利息：27 839 809.74美元

本金：27500 000.00美元

总计：55 339 809.74美元

国际教育委员会

利息：6 495 807.82美元

本金：11 837 482.00美元

总计：18 333 289.82美元

按当年美元计算，洛克菲勒慈善事业支付善款总额达821 968 526.04美元。[1]

同样，按照美国劳工部对通货膨胀的折算，1950年的1美元相当于2010年的9.06美元。那么，到1950年洛克菲勒慈善事业用于项目的8.22亿美元至少相当于今天的74.5亿美元。无论是洛克菲勒当年为这些慈善机构所捐的本金，还是这些机构后来为各种项目支付的开支，这些数字都显示出其慈善事业的雄厚实力和巨大规模，用当年或者今天的标准衡量都是如此。当我们解释洛克菲勒所做的一切善举时，当我们分析这类慈善机构对公共利益和公共政策所产生的影响力时，当我们讨论大基金会发展的利与弊时，这些量化的事实会帮助我们更准确地理解这些问题的分量。

第一节　现代基金会问世的社会文化背景

内战后的美国经济在经历了1870年的危机之后，迅速起飞。横跨大陆的四条铁路的修筑带动了钢铁、运输、制造等行业，工业化全方位展开，并与美国历史上独特的"西进运动"互相刺激，齐头并进。前所未有的社会膨胀和经济扩张不但为美国人带来了

---

[1]　Raymond Fosdick. *The Story of the Rockefeller Foundation*[M]. New York: Harper & Brothers, 1952：pp.ix-x. Fosdick（福斯代克）洛克菲勒基金会主席1936—1948年。

大量的工作和发展机会，也使财富的空前积累成为可能。在激烈的竞争中，那些能够看准并把握时机的人们脱颖而出，"一夜致富"。当时洛克菲勒是如此成功，以至到1880年，美孚石油竟然控制了全美炼油业95％的份额。在美国联邦储备体系建立以前，摩根（J.P.Morgan，1837—1913）在美国金融业的地位就相当于中央银行。在1893年经济危机时期，联邦政府居然请摩根银行出面稳定和提升美国货币。[1]据统计，美国在1880年只有一百个"百万富翁"，到1916年剧增为四万人。[2]如此之多的人在如此短暂的时间内积累了如此惊人的私人财富，这在人类历史上是第一次。当然更令人震惊的是一些大富翁所拥有的绝对财产数额。马歇尔·福尔德（Marshall Field，1834—1906）的私家财产估计为1.5亿美元，卡内基在把他的钢铁业卖给摩根以后，身价大约值3～4亿美元，有人说其实更多。摩根去世时的净资产是6800万美元。洛克菲勒在其事业的巅峰时期，拥有9亿美元资产。[3]而1902—1906年美国的平均国民总产值（GNP）仅为242亿美元，[4]当我们把大资本的出现放在这一时期美国整体经济实力的前提下来分析，这种私人财富的高度集中就更加令人吃惊了。

当然，伴随着百万富翁的出现是无数人"美国梦"的幻灭。对于大多数美国人来说，1870年之后的几十年是动荡的时代。工业化使美国建国以来以社区为基础的社会文化分崩离析，随之而来的是阶级分化与文化错位。美国著名史学家威比在他的《寻求秩序，

[1] Jonas Gerald. *The Circuit Riders: Rockefeller Money and the Rise of Modern Science*[M]. New York, NY: Norton,1989：p.14.

[2] William Manchester. *The Founding Grandfather*[J]. New York Times Magazine, Oct. 6, 1974. 引自Barbara Howe. The Emergence of Scientific Philanthropy, 1900—1920: Origins, Issues, and Outcomes. In Robert F. Arnove ed. *Philanthropy and Cultural Imperialism, the Foundation at Home and Abroad*[M]. Bloomington, IN: Indiana University Press, 1982：p.26。

[3] Howe, 同上。

[4] Howard Berliner. *A System of Scientific Medicine: Philanthropic Foundations in the Flexner Era*[M]. New York, NY: Tavistock, 1985：p.11.

1877—1920》一书中，生动地描述了在这种社会"失序"的大背景下人们文化和价值观的急速变化，与此同时，"寻求秩序"则成为对那个时代政治文化潮流的最好概括。[1]由于开通了横跨北美大陆的铁路，大量的美国人第一次用大陆这个概念来理解美国，他们感到，从一个大洋伸展到另一个大洋，实实在在地连接在一起的一个新美国奇迹般出现了。而这个新国家的内涵，就是成长、发展和进取精神。一方面是成千上万的乡村小镇人涌入纽约、芝加哥这样的大城市，或是建设丹佛、堪萨斯这样的新兴城市。1860年纽约只有70万人，到1900年增长到300万。内战爆发后的50年间，将近1200万人移居到城市。[2]另一方面，机械化和专业化革命性地改变了美国农业，使独立小农场被迅速分解合并为大型公司化的农场。越来越多的人要么变成挣工资的农业工人，要么离开家乡到城市去寻找更好的机会。结果，人们失去了在原有社区的地位和认同，却又无法在城市中找到自己希望的位置。

在这个经济大扩张的时代，所有的人都认为发家致富是自己与生俱来的权利，都希望闯荡一番。然而，在19世纪80年代的经济危机中大量小生意破产，人们的发财梦很快就被无情地打碎了。整个经济的运转就像是一架巨大的筛选机，涌入城市的人很快地被分为三个阶级。"在顶端的是那些握有巨大资产与权力的人，中小生意人、医生、律师和其他职业白领形成中层，而下端则是挣工资的大众。"在那个时代，靠工资吃饭的人，日子并不好过。无论是工人的工作条件还是劳资关系都充满问题。由于市场需求不断扩大，劳动力随时可以得到补充，厂方只关心如何尽快地生产出更多的产品。管理工人的权力几乎全部落在工头的手里，而后者简直就是独

---

[1]　Robert Wiebe. *The Search for Order*, 1877—1920[M]. New York, NY: Hill and Wang, 1967. 以下几段主要参考此书。

[2]　Berliner. *A System of Scientific Medicine*[J]. Medical Anthropolgy Quarterly, 1988：p.10.

裁者，"生杀予夺"全凭其喜怒了。劳工们的普遍不满是很自然的，他们感到不论是经济机会还是社会体系都正在向他们关闭。人们希望重新得到以往在社区文化中的那种价值和权利，而在陌生的城市中寻找以本阶级作为社会支持网的倾向也在不断增长。这种阶级冲突和潜在的政治危机引起了社会统治阶层的警觉。约西亚·斯特朗（Tosiah Strong，1847—1916），这位后来因主张美国在新世界秩序中追求无限扩张和攫取在华利益而出名的牧师，在1884年出版了一本极有煽动性和影响力的小书，题为《我们的国家：其可能的前途和当下的危机》（*Our Country: Its Possible Future and Present Crisis*）。在此，他号召新教徒们要准备迎接"威胁我们基督徒和美国文明的危险"。他警告说，从缅因的船厂到得克萨斯的铁路，一场巨大的劳工骚动正席卷美国，而劳工骑士团的人数已经从1884年的5万迅速膨胀到1886年的40万。[1]这本书一下子销售了50万册。对于美国经济和文化精英来说，这些言辞可不是耸人听闻，他们真的感到了山雨欲来。

斯特朗说的这个对基督教和美国文明的威胁是特有所指的。美国是一个移民国家，自殖民时代起，其移民主要来自欧洲的西部和北部，这些移民带来的盎格鲁-撒克逊文明成了美国宗教、文化和价值观的核心和主流。然而自19世纪后期，移民成分发生了很大的变化，大量来自东南欧的移民进入了美国东部大城市，从1890年到1919年，其总数达到了1800万之多。当时的主流文化认为这些人带来的是外国文化、异族社会和与工业社会不协调的习惯。不仅如此，这些新来的移民充斥于大城市的现代工厂和血汗小厂中，其经济和社会地位都处于最底层。他们聚居的一个个"民族村"（ethnic pockets）成了疾病和社会问题繁衍的天然土壤。大量的疾病和社会

---

[1] 引自Weibe, pp.44-45。

问题似乎证实了美国主流文化所持有的歧视观念：盎格鲁-撒克逊民族优于其他民族。[1]著名社会学家、优生学的鼓吹者查尔斯·汉德森（Charles R.Henderson）后来曾被洛克菲勒基金会请去参与中国项目论证，他当时就担心外国出生的人天生就没有能力成为民主公民，"除非用一切现有的手段加以抵抗，否则贫穷、愚昧和犯罪浪潮的兴起将席卷并吞没美国"。[2]在这些移民社区中，流行疾病与社会问题互为表里，不断深化蔓延，形成对整个社会的潜在威胁。就是在这个时期，为了寻求秩序，美国出现了以提高社会控制效率为目的的社会组织改革与机构化（institutionalization）。大基金会的问世正是这个大趋势的产物。这也是洛克菲勒基金会成立后旋即介入公共卫生和社会改革的主要原因。

总之，在19世纪末，美国不但具有了成立大基金会的物质条件，而且产生了对新型治理的社会需求。由于经济发展带来了巨大的社会和文化变动，阶级冲突、社区离析、社会认同错位等一系列新问题迫切要求社会治理阶层找到新的社会控制和社会支持机制。正如下一章将要谈到的，洛克菲勒基金会相信，"科学医学"就是这种新的社会控制机制，因为它有能力在治疗疾病的同时，"治疗"和控制社会问题的滋生与蔓延。基金会更进一步相信，"科学医学"的发展有赖于雄厚的资金支持，而这只有政府和大基金会才有条件提供。从美国人反对强大政府的文化传统出发，建立私人慈善机构当然是更理想的选择。而1930年大危机以前美国政府的放任主义政策也与私人资本介入社会福利有很大的关系。

美国人反对强大的联邦政府干预地方和个人事务的传统来自英

[1]　Lily Kay. *The Molecular Vision of Life Caltech, Rockefeller Foundation, and the Rise of the New Biology*[M]. New York, NY: Oxford University Press, 1933：p.25.

[2]　Charles R. Henderson. The Relation of Philanthropy to Social Order and Progress[J]. In Peter Buck, American Science and Modern China, 1876—1936. Cambridge: Cambridge University Press, 1980：pp.58-59.

国工业时代早期的政治信念。当大不列颠政府的第一个强权首相罗伯特·瓦尔普（Sir Robert Walpole，1676—1745）在18世纪初为有效增加政府税收而扩张政府权力时，遭到了以乡村地主为主的"辉格党"（Whigs）的强烈反对。辉格党主张政府不应该干扰这些本分的地主绅士，而应让他们安居乐业，享受自己的劳动果实。为了保护自己的利益，辉格党指责瓦尔普政府腐败，为私人利益而不顾公共美德。按照辉格党的说法，腐败包括了增税、扩大国债、用税收来支付不公正的政府开支，其代表观点见于辉格党人约翰·淳查德（John Trenchard）和托马斯·戈登（Thomas Gordon）发表的一系列关于自由、公民和宗教的论文，他们不但批判大政府，而且几乎反对所有的政府行为，从扩大军队到赞助艺术。[1]早在美国建国之前，殖民者就把上述论文中的观点奉之为政治经典。这在很大程度上解释了为什么美国独立后建立起来的合众国根本不具有像英、法等欧洲国家那样强大的政治权力。联邦时期的美国实际上是一个松散的联盟，全国政府无权干涉各州事务，即使1787年通过了《联邦宪法》，美国的联邦政府仍然是一个"小政府"。在独立革命后的一个半世纪中，美国人普遍对征税、扩大政府权力，以及政府介入本属地方或个人的事务持强烈的怀疑态度。这种情况直到20世纪20年代末开始的大萧条才得以改变。到了21世纪的今天，以反大政府为基调的"茶党"仍能在美国"势不可挡"，足见这种传统之根深蒂固。

　　与反感政府行为形成鲜明对照的，是美国人积极参与社区乃至国家事务的热情和普遍性。从独立革命前的秘密政治协会，到每个社区的自助团体，各种类型的民间组织在美国社会的存在可谓源远流长。由于其独特的文化社会条件和政治信仰，美国人更相信自己

---

[1]　Hammack. *Making the Nonprofit Sector* in the United States[M]. India Unirersity Press, 2000：pp.91-92.

的力量，更注重保护自己的权利。虽然英、美都有民间组织的传统，但托克维尔认为，英国人把结社看作是一种有力的行动方式，而美国人则将其视为唯一的行动方式。托氏有一个在西方影响持久的结论，"只要人类仍要保持文明，或者要走向文明，那么结社的艺术就必须与平等条件的改善携手并进"，[1]正是在这样一种认同下，美国的各种社团始终活跃于政治生活的中心。也正是在这一观念的影响下，20世纪初卡内基和洛克菲勒都选择建立私人基金会作为参与社会变革的方式。

这种依靠民间自己的组织来解决社会需要和提供社会管理的特点，也反映了美国建国以来的联邦主义传统。这一政治概念强调，由宪法保证的主权是在联邦政府和州政府之间划分的。在社会福利和社会发展政策上，美国人"不愿意给全国政府权力来建立并推行一个全国性的社会福利标准。[2]然而，19世纪中后期，大批移民涌入城市，使得恶劣的卫生和住房条件、贫困、恶习以及犯罪等问题变得更显而易见，那么应该如何遏制、控制和解决这些问题？由谁来承担这些责任？在那个不相信政府干预的时代，城市的中产阶级和上层社会更明确地意识到他们对工薪阶级的社会责任，社会救济多半来自由这些人组织起来的志愿机构。然而，如何才能使这些各自为政的组织免于重复性工作，提高资源的使用效率，更有针对性地给予资助呢？1869年成立的"伦敦慈善组织社会"和1884年之后在英美开始的新住宅区运动，主旨都是要改善分散的志愿组织的机制和运作。一位美国学者认为，这些改革和努力最终引起了"科学慈

---

[1] Tocqueville. *Democracy in America*[M]. Bantam aassics, 2000：pp.198-202.

[2] Barry Karl, Stanley Katz. The American Private Philanthropic Foundation and the Public Sphere, 1890—1930[J]. *Minerva*19, 1981：pp.236-270.

善"运动。[1]

"科学慈善"的真正展开是在大基金会出现之后。1889年，当时54岁的美国钢铁大王卡内基在《北美评论》上发表了题为"财富"的文章，这就是后来对美国富人慈善行为影响深远的所谓"财富福音书"。卡内基开宗明义地指出："我们这个时代的问题是如何恰当地管理我们的财富，使兄弟般的纽带仍有可能把富人和穷人连接在一种和谐的关系中。"[2]卡内基清楚地看到了工业化和财富集聚带来的贫富不均问题，他难免为自己这一类人辩解："竞争的法则将拥有成千上万工人的雇主置于最严酷的经济条件下，其中，支付给工人的工资率成为在竞争中生存的最突出的问题。由此带来了雇主与雇工、资方与劳工、富人与穷人之间的摩擦，社会则失去了和谐。""你不可能静止不动"，卡内基形容说，"要么飞速向前，要么被甩到后边"，财富就这样在激烈的竞争中产生了。他一方面笃信竞争法则对于工业发展和社会进步的必要性，虽然其结果之一是将财富集中到了很少的人手中；另一方面，他同样强调正确地管理和运用富人的财富对解决贫富之间的矛盾至关重要。

卡内基认为，富人有三种方式来处理他们的财产：第一，留给家人；第二，遗赠给社会公益慈善基金；第三，在世时就开始把财富捐给公益事业。他完全不赞成前两者，认为将财产留给子孙无异于遗祸后代和社会，而死后才把财产留给慈善基金，这看起来像是因无法将财富带到另一个世界才不得已而为之的行为。卡内基指出，最有建设性的办法就是这些百万富翁在生前就将自己的财产捐出，造福社会。对此，他还特别表达了对如何明智地赠予的关切，

[1] Martin Bulmer. The History of Foundations in the United Kingdom and the United States: Philanthropic Foundations in Industrial Society." In Anheier, Helmut & Stefan Toepler eds., *Private Funds, Public Purpose: Philanthropic Foundations in International Perspective* (London: Kluwer Academic/ Plenum Publishers, 1999), pp.30-32.

[2] Andrew Carnegie. Wealth." *North American Review* no. CCCXCI, 1889. 以下他的观点均引自这篇文章。

他认为当时百分之九十五的善款都用之不当，慈善带来的结果恰恰是它所希望治愈的罪恶。这一点与洛克菲勒的观点不谋而合。洛克菲勒认为传统的慈善使人不需努力就可得到施舍，这只能使造成贫穷的那些弱点更加糟糕。[1]同时，他也不赞成广济博施，因为他认为大宗的基金运作所产生的效益要大得多。卡内基相当蔑视传统慈善中那种不加区分的施舍，主张捐赠的主要目的应该是帮助那些愿意自强的人。卡内基深受当时流行的社会达尔文主义的影响，认为"不加分别的慈善是提升我们民族的最大障碍"。他主张慈善给予应该像经营企业一样讲科学。与其在穷人中这里一点、那里一点地施舍，不如"建立阶梯，使那些有志气有抱负的人能够据此攀升"。作为一个靠个人奋斗成功的百万富翁，卡内基对于自己这一类人的"超级智慧、经验和管理能力"信心百倍，认为这些人为穷人做的能够比穷人为自己做的还好。坚持有系统地捐赠或称"科学慈善"，揭示了当时美国文化中迅速兴起的一个重要思潮，那就是我们下文还会谈到的崇尚科学精神与科学方法。在经济迅速膨胀和进步时代乐观主义的同时作用下，社会改革家们认为，减轻穷人痛苦的传统善行不能根本消灭贫穷，应该科学选择并有系统地开发大规模的慈善项目，从根本上解决工业化及城市化所带来的问题。不过，不少人对大基金会的这种野心持激烈的批判态度。美国历史学家理查德·布朗对卡内基的"财富福音"就相当不以为然，他认为卡内基的慈善不是寻求公正，而是要引导人民向上，这不过是"以道德教化大众、冲动的决定和感情用事的混合物"罢了。[2]

卡内基在"财富福音书"中阐述的种种观点，特别是他那"临死时家财万贯，就是死得耻辱"的名言，对于当时美国社会中流行

[1] Gerald, *The Circus Riders*, p.22.

[2] Richard Brown. *Rockefeller Medicine Men: Medicine and Capitalism*[M]. Berkeley: California University Press, 1979：p.32.

的慈善方式无疑是一种挑战。"财富福音书"清楚地表明卡内基已经形成了自己的现代慈善观，然而他本人当时并没有实力建立大型的基金会。卡内基继续自1881年就开始的"卡内基慈善"：捐钱为每个城市建立起一家公共图书馆。到1907年他一共捐献了4000万美元，在美国建立起了1600多家图书馆。直到1901年他把卡内基钢铁公司以3亿美元的价格卖给了摩根，才开始建立起自己的基金会，从事广泛的社会项目。[1]洛克菲勒对很多问题跟卡内基有相同的观点，而且受到后者深刻的影响。他也是卡内基"财富福音"的热情支持者。卡内基的文章发表不久，洛克菲勒即给他写信道："我希望更多的有钱人像你一样，用自己的钱做你正在做的事情。不过有一点可以肯定，你的榜样一定会硕果累累。富人们愿意更慷慨地将自己的财富用于利他事业的那一天一定会到来。"[2]他后来赞扬卡内基"热情地用他的钱来帮助比他不幸的人"，并且相信"卡内基献身于自己移居的国家之福祉，他为所有的人树立了榜样"。[3]

对基金会的批判从富人开始大笔捐款时就出现了，最普遍也最肤浅的批评就是说富人建立基金会，一是为了逃税，二是为了改善形象。当然，这种看法并非全无道理，因为确有这样的例子。但是本章下面关于洛克菲勒办慈善的故事和最后一部分的分析将说明，慈善不但以整个社会的大文化为底蕴，而且就个人而言，投身慈善的原因也远非如此简单和自私。以卡内基和洛克菲勒为例，他们都不是等到挣了大钱、成了富翁才开始捐款的。卡内基在十三岁时已经负责一家小公司，那时他就制订了一个慈善捐赠计划：他要把个人5万美元年收入之外的所有资产捐献给慈善。他认为，"如果不是

---

[1]　Howe. The Emergence of Scientific Philanthropy: p.31.

[2]　Ron Chernow. *Titan: the Life of John D. Rockefeller, Sr*[M]. New York, NY: Vintage Books, 1998：p.313.

[3]　John D. Rockefeller Sr. Benevolent. In Brison, *Rockefeller Carnegie and Canada*: p.25.

为他人，生意就应该给扔到一边去"。[1]洛克菲勒在十六岁拿到第一个月的工资时，他的小账本上就出现了捐款记录。由此可见，虽然他们做慈善的规模肯定与口袋里的钱数有必然的关系，但是做不做慈善却是由他们的一些基本价值取向决定的。其实，当最早的一批基金会在20世纪的头十年出现于美国时，无论是联邦政府还是州政府都没有什么法律来干涉或刺激富人建立基金会。遗产法虽然在1898年作为战争收入法的一部分获得通过，但是三年之后就被推翻了，而慈善捐款的免税法律是1917年才通过的。因此可以说，这些百万富翁捐出大笔财产给基金会的动机并非如后人所批评的是为了逃税。

分析美国当代史上的大基金会如洛克菲勒基金会和卡内基基金会的出现及成长，必须理解美国人从事慈善的文化基础。美国人的慈善传统实际上是在殖民时代从英国带来的。在欧洲，自中世纪以来，提供教育、照顾生老病死基本上是教会的责任。到了英国都铎王朝的社会改革时代，慈善脱离了教会的完全掌控，世俗化了，大部分责任开始由都市富有的商人特权阶层承担。这些富人不但有经济力量来从事某些社会福利，也认为自己有道德义务去帮助穷苦的人。当时被社会普遍接受的观念是，人们被赋予发财致富的机会，这样他们就可以照顾穷人。这种观念在第一批清教徒到北美去的时候就被带到了新大陆。1630年，因其清教信仰而受到迫害的约翰·温斯洛普得到了英国皇家执照，带着700个富有的清教徒前往马萨诸塞定居。在驶往北美的"阿贝拉"号的甲板上，他对这些清教徒说：所有人都有义务帮助每一个有需要和陷于困厄中的人。他敦促说："我们必须愿意把自己多余的东西拿出来，给那些需要的人。"对于温斯洛普和他的追随者来说，"基督教的教导"和"公民责任"

---

[1]　Brison, 同上，p.21。

（civic stewardship）是一对孪生的理念，深深地扎根于他们的冒险试验中。[1]研究非政府组织的美国资深学者麦卡锡分析说，美国人认为，给予行为的意义相当于甚至重于馈赠，因为这种行为再次肯定了财富与美德，以及个人兴旺与社区繁荣之间的关系。"公民责任"的信条保证了富人多余的财富回流到社区，一方面保存了富人的道德精神，另一方面对不幸者的需求有所照顾。这种精神有助于在荒野的殖民地定居的人们团结在一起。[2]麦卡锡总结说：美国人普遍认为私人慈善行为是一个人的权利，是一个人所必须做的事情，"这种观点深深地铭刻在美国人的灵魂上"。[3]始于殖民时期朴实的志愿和互助活动，至今已经发展为从地方到全国乃至国际的非政府非营利部门。

简言之，19世纪后期的美国，经济和社会急剧地膨胀和分化，一方面是少数人拥有持续飞快增长的巨额财富，另一方面是原有社区的离析和城市问题的深化、恶化。这一切表明，当时的美国已经具备了建立大型基金会的各种条件和迫切需求。

第二节　洛克菲勒与他的"科学慈善"事业

洛克菲勒慈善事业的发展最能说明美国慈善事业从传统到现代的转变。这种转变的完成，除了前面解释的美国当时的历史背景外，也和洛克菲勒本人的信仰、成长经历、能力素质以及洛克菲勒基金会蓝图的总策划师弗里德里克·盖茨密不可分。他们的个人背景

---

[1] Kathlean McCarthy. The Gospel of Wealth: American Giving in Theory and Practice[M]//In Richard Magat ed., *Philanthropic Giving: Studies in Varieties and Goals*. New York, NY:Oxford University Press, 1989：p.47.

[2] McCarthy, 同上，p.47。

[3] Kathlean McCarthy. US Foundations and International Concerns[M]//Kathlean McCarthy, ed. *Philanthropy and Culture: the International Foundation Perspective*. University of Pennsylvania Press, 1984：p.3.

和人生哲学对于我们理解洛克菲勒基金会的建立至关重要。从下面所要讲述的故事中我们可以看到，洛克菲勒在创办石油帝国时，其经营理念和竞争手段既来自他从小的生活经历，又深受当时流行于美国的资本主义精神和社会达尔文主义的感染。与此同时，洛克菲勒之所以能够开一代风气之先，在成为石油大王后迅速将其巨大财富的大部分捐献给慈善事业，与对其一生宗教信仰和慈善观念影响至深的母亲和家乡当时的宗教环境密不可分。最后，洛克菲勒知人善任，委盖茨以发展洛氏慈善大业担纲人之重任，从而给后者一方开创现代慈善的天地。对于洛克菲勒基金会早期模式的确立，没有人比盖茨对洛克菲勒的影响更大了。这样的彼此相得益彰，也算得上是慈善史上的一段佳话了。

约翰·D.洛克菲勒出生于纽约州的一个乡下，是五个孩子中的长子。与同时代发迹的卡内基、摩根等一样，出生于19世纪30年代末，长大后正赶上内战结束带来的工业蓬勃发展，可谓生逢其时。但是他的家庭情况却是差强人意。[1]他的父亲威廉·洛克菲勒一表人才、多才多艺、乐观随和，但却放荡不羁，一事无成。洛克菲勒的母亲伊莱萨·戴维森出生于一个家境殷实的农场主家庭。当年她不顾父亲的反对嫁给了威廉·洛克菲勒。婚后不久，威廉旧习难改，竟然把前女友南茜带回家中一起生活。两年中，伊莱萨和南茜各生了两个孩子，大家同住在一个小小的木屋中。虽然饱受羞辱艰辛，洛克菲勒的母亲却对南茜充满了同情。后来在伊莱萨娘家的干涉下，南茜带着孩子离开了。此后洛克菲勒的父亲长年游荡在外，伊莱萨根本不知道他去了什么地方，什么时候再回来。他即使在家，也从来不会去田里种地，或做任何会把手弄脏的活计。威廉在四十多岁时干脆与一个十八岁的女孩子同居了。可以说他从未对这个家庭和孩

---

[1] Chernow, Titan. 除了另行加注，关于洛克菲勒身世的段落主要参考此书。

子尽到应尽的责任。洛克菲勒的母亲一个人带着五个孩子，耕种几十亩地，辛勤劳作却时时担心无力支付柴米油盐的费用。然而，苦难的环境使她坚强起来。不论遇到什么困难，她都镇静地应对。她的邻居后来回忆说，伊莱萨是一个最好的女人，吃苦耐劳，从不抱怨，一个人担起了家庭的全部责任。对John D.（洛克菲勒少年时喜欢这样称呼自己）来说，母亲是一生中对他影响最大的极少数人之一，因为她不仅支撑了这个家，而且是John D.的道德榜样。对母亲的敬爱使得洛克菲勒不同于镀金时代的其他大人物，他一生都十分尊重妇女。

由于丈夫一年到头不在家，伊莱萨和长子的关系很近，很多事情都会信赖和依靠John D.去做。家庭环境使洛克菲勒很早就成熟了，作为长子，John D.从小就要帮助母亲承担家务。冬天，天还黑黑的，伊莱萨就会在楼梯上叫他："儿子，该起来，该挤牛奶了。"在那个寒冷昏暗的牛棚，John D.只能把自己的脚放到牛刚刚躺过的地上取暖。洛克菲勒从未提及早年的困苦经历，但是从他仅存的早年照片中还是可以看出当时生活的黯淡。在洛克菲勒传记作者切诺的笔下，童年时洛克菲勒的脸是阴沉的、拉长的、毫无表情的，缺少小孩子的欢快，眼睛里也没有欲望。

伊莱萨是一个没有受过太多教育的乡下妇女，一个虔诚的浸礼会教徒，在她的信件和写的《圣经》心得中，最常用的字都会写错。但是她却非常注意用基督教信仰和在生活经历中形成的观念来管教孩子。由于内心非常后悔自己在婚姻上的不理智，她总是教育孩子们在作决定的时候要三思而后行。她喜欢说，"咱们让它再炖一会儿"（意思是不忙着决定）。这句话洛克菲勒重复了、遵守了一辈子。当世界上还不知洛克菲勒是谁的时候，伊莱萨就看到了儿子的潜力，她常常交给John D.一些成年人才能做的事。母亲的信任不但使John D.很自豪，也慢慢培养了他的自信，习惯了承担责任，解决困难。对于弟弟妹妹，他更像是一个家长而不是兄长。当然，这种早熟也让洛克菲勒付出了代价。他从少年时代起就是个小大人，不苟言笑，很少有一般孩子那种自然流露的快乐。伊莱萨内在的毅力、平静、智慧和对子女的严格约束，对洛克菲勒后来的品行和价值观有极大的影响。从她那里，John D.学到了精打细算、有秩序、节俭和其他中产阶级的品德，这些对他后来成功创办美孚石油起到了相当大的作用。

在少年John D.的身上我们已经可以看到他后来成为洛克菲勒的一些素质。他很小的时候就会到市场买一磅糖回来，分成小份卖给邻居来赚点儿钱。在母亲的鼓励下，他学着把自己赚的零钱攒起来。在他的自传中，洛克菲勒不无自得地回忆起自己儿时的生意经历："七八岁时，我在妈妈的帮助下做起了人生的第一笔生意。我养了一群火鸡，妈妈给我一些牛奶的凝乳作为饲料。我自己照顾它们，养大之后把它们卖掉。"第二年，他还扩大了这桩生意。直到晚年，洛克菲勒还会乐此不疲地说到当年自己如何享受经营这样的小生意，喜欢看火鸡优雅地在水边踱步，后来也从不放过任何观察火鸡的机会。[1]从他玩游戏中也可以看出一个未来生意人的素质。下棋时他非常慎重，一定要考虑成熟才走。无论对方如何催促，也绝不轻易出棋子儿。有时他也会对对方幽默地说："你以为我是为了输才来玩儿的吗？"对于任何游戏，他都只有在熟悉了游戏规则以后才会参加。虽然行动谨慎，一旦想好之后，就会毫不犹豫地做出决定。

宗教是洛克菲勒成长中的另一个重要影响因素。他的父母都是

---

[1]　约翰·D.洛克菲勒.窥见上帝秘密的人：洛克菲勒自传[M].许芳芳，译.北京：新世界出版社，2009：31-32.

浸礼会教徒，他从六岁就开始跟母亲去教堂。对于少年时期的他，这不是什么令人讨厌的责任，反而有一种灵魂刷新的感觉。最早的浸礼会于1609年出现在阿姆斯特丹，1639年，罗杰·威廉姆斯（Roger Williams，1603—1683）在罗德岛成立了北美第一家浸礼教会。这个新教派别起初默默无闻，直到百年之后的第一次宗教大觉醒运动才有了真正的发展。在这次波及新英格兰和东海岸的宗教狂热中，以相信自愿浸礼和追随者当众宣布信仰为特点的浸礼会有了惊人的增长，仅在新英格兰地区就建立了一百多个浸礼会教堂。浸礼会反对等级制的宗教体系，也不提倡效忠于任何上级主教。他们的组织者都不是专业的神职人员，教会也是自治的。这样的宗教特别适合于新开发的边疆地区和平民性格的殖民者。那些浸礼会牧师是从普通人中选出来的，不拿薪饷，往往也没有受过太多教育，他们愿意深入到其他神职人员不愿意去的内地，也会在任何溪边或空地开设教会。因此，到18世纪末，浸礼会成了美国一个主要的宗教势力。

洛克菲勒出生和后来移居的地区，纽约州和俄亥俄州，正是第二次宗教大觉醒的中心。而且这次运动刚好在洛克菲勒出世的前几年达到了高潮。切诺在洛克菲勒的传记中写道，这次的宗教复兴在几个方面惊人地反映了洛克菲勒的生活。首先，在第二次宗教觉醒运动的中心之一罗切斯特，那些最富战斗性的福音派信徒强烈地反对吸烟、跳舞、打牌、玩台球、上戏院，并联合抵制星期天营业的商店。洛克菲勒后来回忆说："在我从商的早期和童年时代，我认识的浸礼会教徒都会谨守内心的道德意识和宗教教诲。别说不在公共场合跳舞了，在哪儿都不能跳舞，连舞蹈的正当名声都不会承认。戏院被视为堕落之源，一个有觉悟的基督徒会回避那种地方。"[1]从殖民时代起，美国人就大量消费罗姆酒。而这次宗教复兴

---

[1] Chernow, Titan, p.20.

运动在提高人们宗教热情的同时，酝酿了一场全国性的禁酒运动。酒被看作是撒旦酿造的，浸礼会信徒不能制造、出售，或者用它来招待客人。而禁酒誓约已经成为一个人在接受基督信仰时的标准要求。从孩童时候起，洛克菲勒就铭刻在心，一个立誓信教的人必须全副武装地抵制世俗世界的一切引诱，而且绝不远离虔诚人的圈子。

在教义上，浸礼会脱离了严格的加尔文教派，认为所有的灵魂都是可以拯救的，而不限于一小部分事先预定的选民。他们积极参与传播福音和传教活动，因为他们不相信任何灵魂会不可挽救地堕落，相信人们可以通过自愿的行动来解救自己。这种信仰是传教行为的教义基础。洛克菲勒就是在这种信仰中长大的，这也是为什么他后来长期给浸礼会传教团捐款。受加尔文教派影响，19世纪美国文化中极为流行一种"一生追求自我改善"的宗教观念，洛克菲勒从小就先入为主地接受了这种观念，从而影响了他一生的生活方式。1845年，洛克菲勒开始去教堂，而正是在那年浸礼会发生了一件大事。北方和南方的信徒就黑人是否可以做传教士的问题发生了严重分歧。北方浸礼会慷慨激昂地宣布，废奴与浸礼会一向反对教会等级制、主张平民精神的言行是一致的。最后南方浸礼会退出而另立旗帜。身处北方浸礼会的洛克菲勒从很小就开始关心黑人。

对于洛克菲勒的成长而言，第二次大觉醒运动的另一个影响就是将个人的宗教信仰和社区的改革联系在一起。与宗教觉醒运动同期而且相互影响的禁酒运动之所以能蔓延全美，就是因为他们视禁酒为解决经济、社会、家庭问题的关键。一个虔诚的浸礼会信徒对社区和社会是负有责任的。后来洛克菲勒基金会将他的慈善事业锁定在改造社会的目标上，我们可以看到这种信念的影响。可以说，在洛克菲勒的少年时代，教会减少了他的"社交生活的机会，可是却给他提供了一个关注更重大的社会问题的桥梁，并为他最终进入慈善世界做好了准备"。[1]

洛克菲勒后来在自传中似乎有意识地常常提到父亲对自己的好的影响。洛克菲勒的父亲在他们小时候居住的那个镇子上很活跃，他从事过很多不同的生意，由此向儿子传授了不少经营方面的经验。虽然自己从来不去教堂，却督促儿子们去教堂。他甚至还给了John D.5美元，条件是他必须把《圣经》从头到尾看一遍。用这样的方式，他潜意识地在孩子的头脑中将上帝和金钱联系在了一起。洛克菲勒的父亲在镇上的名声，特别是道德品行可谓臭名昭著，而在母亲的严格管教和教会的影响下，洛克菲勒几乎在每个方面都与父亲相反。[2]即很难说John D.从什么时候起开始对自己的父亲感到羞耻，但有一个例子可以说明他对父亲的这种感觉。1854年，15岁的洛克菲勒陪着母亲和两个妹妹到克里夫兰找地方住，在向别人提到他的母亲时，用的是"我寡居的母亲"。

多年来洛克菲勒一直计划着上大学，然后当一个浸礼会牧师，他母亲也一直在增强他的决心。然而，洛克菲勒15岁那年，父亲终于决定正式离开母亲，与同居数年的那位女子结婚。父亲的通知信一下子就把一切梦想都打破了。洛克菲勒后来回忆道："父亲在信里暗示我不能去上大学了。我一下子就感到我必须马上在什么地方找个职位，开始工作。"当时离他高中毕业仅差两个月了，但是John D.没做任何说明就突然离开了学校。他感到为了四个弟妹的教育，作为长子的他必须承担起帮助家庭的责任。他打算在接受短期职业训练之后，进入公司。虽然早就对父亲的种种行为深感失望，但是他后来从不提及父亲行为中的种种负面影响，但是这个打击对于尚

---

[1] Chernow, Titan, p.21。
[2] 在这一点上，只有一个明显的例外。威廉·洛克菲勒非常爱钱，他的邻居曾经说过，从来没有见过这么爱钱的人。这对John D.洛克菲勒有很大的影响，虽然他对钱的使用与其父不同。

未成年的洛克菲勒还是太大了，在他的一生中，这始终是一道难以摆脱的阴影。几十年后，当洛克菲勒的母亲去世时，葬礼上她被说成是一位"寡妇"，虽然洛克菲勒的父亲当时还在世。

就这样，16岁的洛克菲勒开始找工作。在美国的求职史上，恐怕没有哪个故事比洛克菲勒在克里夫兰闷热的8月里四处求职的经历更被神化的了。胸怀大志的洛克菲勒，当时一心希望进入铁路、银行或者批发业，然而一个像他那么年轻、没有很多训练和工作经验的人，怎么可能顺利地找到工作呢？挫折一个接一个，但是他却固执地不肯放弃。每天早上他穿上深色西服，打上黑领带，8点钟准时出门去约好的公司，告诉人家"我懂会计，我希望得到一份工作"，被拒绝后再去下一个。这样的无情行程一天一天地继续着，一个星期6天，一连6个星期。可能是"感动了上帝"吧，6周后的一天傍晚，洛克菲勒终于在克里夫兰一家委托公司得到了一份助理会计的工作，洛克菲勒后来形容他那时的心情是"欣喜若狂"。第二天洛克菲勒就开始工作，月薪是6美元。由于他的勤奋好学和兢兢业业，工作很顺利，收入也很快地提高了。到了第三个年头，他就有了自己的公司。此后便一帆风顺，生意越做越大。

从每个月挣6块钱开始，洛克菲勒就给自己定了规矩，要把收入的6%捐出来给自己教会的周日学校和其他善事。从那时起，在他那个有名的"账簿A"（洛克菲勒早期记录一切收支，包括慈善赠予的小本子）中，记录下了他一笔笔的捐赠。[1]他一生从未停止过慈善行为，而随着收入的剧增，他拿出来的钱也越来越多了。值得一提的是，洛克菲勒一直关心黑人，这在他那个时代也是很突出的。在"账簿A"上，还记录着他为一个黑人赎回妻子自由身份的一笔捐

---

[1]　作者在洛克菲勒档案馆做研究时曾参观了老洛克菲勒的账簿，其中最小也最早的就是账簿A，这是那种可以放到口袋里的便携小本子。他后来的捐款账簿大到只能放到桌子上才好打开。

款。此后很多年，他一直在为南方黑人的教育捐款。洛克菲勒基金会的前主席福斯代克认为，这种捐赠的责任感与他的宗教信仰是不可分的。洛克菲勒后来自己回忆，从小母亲就向他灌输这样的人生哲理："工作，攒钱，散财。"[1]

理解洛克菲勒，特别是他的慈善行为，不仅应从他的个人身世和成长经历来分析，更应该与美国当时的社会经济、文化思潮等大背景联系起来。对洛克菲勒一代实业家影响最大的首先是宗教伦理与资本主义精神的结合。马克斯·韦伯在《新教伦理与资本主义精神》一书中曾精辟地指出，近代资本主义扩张的动力首先并不是用于资本主义活动的资本额的来源问题，而是资本主义精神的发展问题。[2]近代欧洲的宗教改革与资本主义兴起是同步进行的。新教伦理从中世纪的禁欲主义中摆脱出来，强调个人应完成其在世俗社会中的责任与义务，努力工作，成功发展。这种伦理的变化实际上是在为发财致富正名，为资本主义开路。资本主义精神与新教伦理的结合深刻地影响了美国资本主义经济的发展，形成了与之相适应的文化。在美国建国初期有影响的政治家和作家本杰明·富兰克林的思想中，这种影响一览无余。在"给希望发财的年轻人的忠告"中，富兰克林毫不掩饰地将道德观念和功利主义联系在一起，在他的笔下，无论是诚实、节俭、守时还是勤奋，都是一个人生意成功必备的品德。深受加尔文教影响的富兰克林在自传中引用圣经古训："你看见办事殷勤的人吗，他必站在君王面前"（《箴言》22章29节）。他进一步引申道："在现代经济制度下能挣钱，只要是挣得合法，就是长于、精于某种天职（Calling）的结果和表现。"[3]由于

---

[1] Fosdick, *The Story of Rockefeller Foundation*, p.4.

[2] 马克思·韦伯. 新教伦理与资本主义精神[M]. 于晓，陈维纲，等译.上海：生活·读书·新知三联书店，1987：49.

[3] 转引自韦伯，同上，第37-38页。

资本主义发展迫切需要人们投身于赚钱的事业，中世纪鄙视商人和金钱的观念发生了根本性的转变，资本主义精神"把赚钱看成是人人都必须追求的自身目的"，韦伯下结论说，这些在"冷酷无情的生活环境中成长起来的人既精打细算又敢作敢为。最重要的是，所有这些人都节制有度、讲究信用、精明强干、全心全意地投身于事业中，并且固守着严格的资产阶级观点和原则。"[1]这简直就是对洛克菲勒惟妙惟肖的刻画。

到了19世纪七八十年代的美国，也就是洛克菲勒、卡内基事业大展宏图的时代，一种以亚当·斯密的古典经济理论为核心，与反映达尔文进化论的斯宾塞社会进化论相混合的社会经济理论逐渐成型。这种理论成为维护美国资本主义自由竞争的最有力的权威。威比不无讽刺地将这个理论概括为：

所有人在追求财富时都会因其能力而获取回报。极少数的人，国人中的佼佼者，能更有效地将土地、劳动力、资本结合在一起，而整个社会在重新组合中追随着这些人的领导而得以向上发展。绝大多数人能力平平，只能从更加有限的资源、土地和资本中，据其自身条件来得到一份固定的资本。而最弱者，则只好消亡。与此同时，政府的作用是维持秩序，提供一些最廉价的公共服务，最重要的是，不要做任何事情来影响自由竞争法则。[2]美国整个经济体系和工业化就是在这种理论的影响下运作的，洛克菲勒的发迹及其石油王国的兴起也不例外。

可以说，在洛克菲勒一生中，这种将基督教伦理和资本主义精神糅合在一起的美国文化对他经营生意和扩大慈善事业都有至关重大的影响，这也是他矛盾和复杂人格的核心。洛克菲勒的石油王国

---

[1]　韦伯，同上，第32-57页。

[2]　Wiebe, *The Search*, p.135.

建立起来以后，人们对于他如何不择手段、冷酷无情地消灭竞争对手以达到垄断目的，有着种种描述和批判。最畅销的洛克菲勒传记《巨人》是这样写的：

对于赞赏洛克菲勒的人而言，1872年是其事业中惊天动地的一年，但是批判他的人却说那一年构成了洛克菲勒生涯中最黑暗的一页。那一年揭示了他作为一个生意人最优秀的和最成问题的品质：具有远见卓识的领导力，有勇气，有毅力，有战略决策，但另一方面，控制欲十足，极端自以为是，对那些不幸挡了他的路、不共戴天而又目光短浅的竞争对手，充满了蔑视。对手认为他的行为是赤裸裸的权力掠夺，而洛克菲勒却自认对石油业是英雄式的拯救。[1]

洛克菲勒的对手们认为自己的生意被洛克菲勒残酷地碾碎了，洛克菲勒却认为这是适者生存，天经地义。对于他来说，在竞争中取胜，在生意中谋取最大的利润，是上帝训诫的一部分。"我的钱是上帝给的……我相信能够赚钱是上帝给我的恩赐，"他在1905年说，"我相信赚钱，多赚钱是我的责任，然后按照良知的指引，把钱用到有益于人民的事情上。"[2]据他后来回忆说："我从小得到的训练就是赚钱和攒钱。尽一切可能诚实地赚钱，然后再尽可能把钱捐出去，我总是把这看成是我的宗教职责。当我还是一个孩子的时候，牧师就是这样教导我的。"[3]像卡内基一样，洛克菲勒也相信工业资本主义和竞争是社会进步的动力。他在周日学校的演讲中竟用如此美妙的言辞来解释残酷的资本竞争："大企业的发展纯粹是适者生存的结果。'美国美人'（玫瑰品牌）之所以能给种植人带来秀丽辉煌和四溢清香，那是剪除早期花蕾的结果。这在企业界不是

---

[1]　Chernow, *Titan*, pp.133-134.

[2]　Brown, *Rockefeller Medicine Men*, P.33.

[3]　Chernow, *Titan*, p.19.

一种罪恶，而只是自然法则和上帝法则运行使然。"[1] "在洛克菲勒那里，基督教、资本主义、慈善事业有机地联系在一起了。就像他认为赚钱不择手段是天经地义一样，他也认为把自己的钱用于社会和人类是责无旁贷的。虽然他的石油事业被进步时代的公共舆论所不容，但是他却一直在思考他的人生对世界的价值。弗里德里克·盖茨在洛克菲勒基金会成立后不久，曾这样描述洛克菲勒的慈善理想：

洛克菲勒先生的理想是为人类的进步贡献出他所能给与的全部，不论多么微不足道。……他希望能感到世上会少一点儿痛苦，哪怕只是一点点，少一点儿折磨，少一点儿欲望，少一点儿无知，少一点儿不公平，多一点儿欢快，多一点儿舒适，多一点儿光明与幸福，只是一点点，只因他在世上存在过。[2]这段描述有些浪漫，因为盖茨的个性如此。但是联想到洛克菲勒基金会建立的宗旨——"促进人类福祉"，盖茨的话不失为对这一宗旨的一种诠释。在相当长的一段时间里，洛克菲勒亲手管理自己的慈善事务，虽然手里的钱越来越多，捐款的额度也越来越大，他还是按照自己一贯的一丝不苟作风来处理。这个时期他捐助的方式与对象，与欧美传统的慈善方式并没有什么不同。

这种情况的根本变化，是在洛克菲勒认识了盖茨之后。虽然按照盖茨的说法，两个人"亲密而且极为信任的关系"始于1891年，[3]但盖茨因筹建芝加哥大学而向洛克菲勒募捐，两个人其实早已彼此熟悉。1888年，美国浸礼会教育会的一些领导开始计划建立一座有分量的浸礼会大学，他们聘请盖茨做这个计划的执行秘书。35岁的

[1] Brison, *Rockefeller*, p.24.

[2] Fredrick Gates, "Foundamental Principles of Mr. Rockefeller's Philanthropies," 1908年10月7日，洛克菲勒档案馆，盖茨档案。

[3] Frederick Taylor Gates. *Chapters in my Life*[M]. New York, NY: The Free Press, Collier Macmillan Publishers, 1977: p.159.这本书是盖茨的自传。

盖茨当年正是雄心勃勃、如箭在弦，他刚刚辞去了明尼苏达一个浸礼会的牧师职位，希望进入更有世界性影响的事务。盖茨看到密西西比河流域和大湖区的经济起飞，浸礼会会员在这些地区的迅速增加，便极力主张浸礼会在芝加哥建立这所大学。然而早在19世纪80年代初期，奥古斯塔·斯特朗（Augustus Strong），浸礼会一位地位显要的神学家，就一直在鼓动洛克菲勒在纽约开办一所浸礼会的精英大学。[1]后来的事实证明，洛克菲勒既不愿意这所新大学与东部的大学传统重叠，也担心顽固的斯特朗把事情搞复杂，因此更倾向于芝加哥校址。在争取洛克菲勒捐款的过程中，善于观察的盖茨看准了洛克菲勒谨慎和低调的作风，所以也采取稳重低调的方式去说服他，终于完成了前任未能实现的任务，达到了他们的募捐目标：洛克菲勒的一张60万美元的支票（相当于今天的950万美元）。在此过程中，盖茨也逐渐取得了洛克菲勒的信任。由于洛克菲勒的坚持，芝加哥大学没有任何显著的标志来表示洛克菲勒对该校成立所做的决定性贡献。在19世纪末美国大学蓬勃发展中，芝加哥大学的建立占有重要地位。"在那些年，没有哪一所大学的建立对塑造美国高等教育的前景和期望比芝加哥大学更重要了……不要忘记这里建立的并非一所学院，而是一个美国大学的楷模。"[2]洛克菲勒捐赠芝加哥大学的意义还不止于此。因为这一决定象征着洛克菲勒的慈善事业从此开始了由对"零售式"资助而转向对具有全国甚至世界意义的慈善机构化的推动。

洛克菲勒成为富人之后，找他来要钱求助的人也越来越多。用盖茨的话说，这些人追着他就像是在猎取野兽。"不论是在家中还是办公桌旁，不论是在路上还是办公室里，不论是上班时间还是任

[1] Chernow, *Titan*, chapter17.
[2] Frederick Rudolph. *American College and University: A History*[M]. New York, NY: Alfred A. Knopf, 1962：pp.349-352.

何其他时候，洛克菲勒无法回避人们持续不断的追踪。"[1]虽然洛克菲勒的财产如雪球越滚越大，虽然他的捐款额从1889年的12万美元增长到1892年的130万美元，他还是一如既往地锱铢必较。[2]不管是生意还是捐款的账单，他总是一一仔细过目。例如，当洛克菲勒答应给美国浸礼会教育会10万美元资助时，他问盖茨教育会要如何管理这笔钱。当得知钱会被存入一个不付利息的银行时，他就把这10万美元借了回来并付给教育会六分利息，因为他不能容忍一笔钱放在那里无所事事。还有一次他发现铁路多收了他117美元运输费，他立刻让美孚的财会人员把钱追回来，"我还要用这117块钱在西部建教堂呢"，[3]他强调说。以这样的风格来管理他的相当零散的慈善捐赠无疑给他带来了极大的工作负担。这种情况几乎把他压垮了。在给一个朋友的信中，洛克菲勒写道："我一直调查、工作，都快崩溃了。在这不断扩大的慈善领域中，我一直摸索着我的路，没有指导，没有图表。就像我们的其他生意一样，一切不同的进度全靠我来组织和计划。"[4]

1891年3月，经过反复考虑之后，洛克菲勒终于邀请盖茨来帮助自己管理这份慈善家业。下面是他们的对话：

"我有了很大的麻烦，"洛克菲勒说，"请求慈善帮助的压力大到无法承受。我在生意上的沉重责任使我没有精力和时间来恰当地处理这些要求。我非对这些事业的价值做仔细的评价才能满意自己的赠予，都已经习惯了。现在这些调查花的时间和精力比我用在生意上的还多，这项负担正在损害我的健康。我感到要是不把这些负担转到其他人的肩膀上，就只好全部放弃了。"[5]

---

[1] Gates, *Chapters*, p.161.

[2] Chernow, *Titan*, p.320.

[3] Chernow, 同上，p.320.

[4] Chernow, 同上，p.320.

[5] Gates, *Chapters*, p.159.

"你的确做不了了，洛克菲勒先生。"盖茨回答。

"是的，我需要一位助手，我已经观察你很久了。我认为你就是那个人。我想请你到纽约来，主持一个办公室。你可以在我的慈善事务中帮我面试和调查，报告这些行动的结果。你觉得怎么样？"[1]

就这样，盖茨当月就举家迁往新泽西，并在百老汇离洛克菲勒总部不远的地方选择了办公室。对于盖茨来说，这个决定从此结束了他的神职生涯，却得到一个极为宝贵的机会来实现他为人类成就一番远大事业的梦想。对于洛克菲勒来说，他的慈善事业从此也开始了一个新的历程。自那时起，盖茨和洛克菲勒合作了40年。盖茨为人热情、固执、雄辩，同时对人苛求，性情急躁。与此对照，洛克菲勒则显得内向、沉静、心思缜密，话虽少，却滴水不漏，还不失幽默。这两个性格如同水火一般的人，以各自的品行赢得了对方的信任。有了盖茨，洛克菲勒终于如释重负。而盖茨则全身心地投入了洛克菲勒的慈善事业。1923年，当他辞去洛克菲勒基金会董事的工作时，他自认为没有辜负洛克菲勒，最重要的是，没有辜负他的上帝。在向董事会致告别辞时，他双手紧握，激动地说："当你离开人世，到全能的上帝面前接受审判时，能想象他想知道你的什么事情吗？你可能有片刻相信他会关心你那微不足道的过失或者渺小的美德吗？不！他只会问你一个问题：'你当洛克菲勒基金会董事的时候，都做了什么？'"[2]

洛克菲勒请盖茨来主持他的慈善事业，其实还有一个重要原因。很久以来，洛克菲勒就对自己多年来"随意的"赠予不满意。他认为做慈善事业应该抛弃"感情的冲动"，而有一种更科学的战

---

[1] Chernow, *Titan*, p.321.

[2] Fosdick, *The Story*, p.1.

略。他希望盖茨帮助他来完成这种转变。与此同时，盖茨越来越熟悉洛克菲勒的捐赠之后，他的观点也变得越来越具有批判性。盖茨接手了不计其数的申请和求助，他很快发现，洛克菲勒有个习惯，给很多浸礼会教会捐赠小额资助，以满足其各种需要。不但是美国国内的浸礼会，而且包括国外的浸礼会宣教团。日复一日的大量求助申请，个人的、男男女女都有，无休止地涌向洛克菲勒。在盖茨看来，相当一部分实际上没有价值，甚至带有欺骗性。盖茨批评说："这一切都不对，这样做的结果使传教活动非常混乱，无纪律，无效率。而且传教委员会看来也无法控制这些往往是私人的，甚至是自私的和不公正的要求。"[1]

盖茨一面停止了对所有这些他称之为"零售式"慈善（retail charity）的捐赠，一面开始为洛克菲勒的慈善事业做长远规划。他在1905年夏天给洛克菲勒的一封信中说，你的财富现在犹如"雪崩一样排山倒海而来"，"你一定得跟上！你的财富得散得比长得快才行。否则，它将碾碎你、你的孩子和你孩子的孩子"。[2]盖茨很清楚，虽然到那时洛克菲勒已经给了并且继续在给芝加哥大学大笔的捐赠，还花了百万美元来建立洛克菲勒医学研究院，并成立了普遍教育委员会，但这些不过是洛克菲勒财产的冰山一角而已。雄心勃勃的盖茨建议洛克菲勒建立几个"永久性的慈善机构……从法律上将目的确定为造福人类"。这就是建立基金会的最初想法。盖茨希望基金会实行科学给予的原则，由此启动了与他的名字相连的著名的"批发式"慈善（who lesale philanthropy）。这种所谓的"批发式"慈善实际上包括一整套的原则和内容，不仅在捐款上排除了对

[1]　Gates, *Chapters,* pp.161-163.
[2]　Gates to John D. Rockefeller, June 3, 1905. 洛克菲勒档案馆，盖茨档案。

私人的资助，[1]更以所谓的科学慈善为宗旨，将社会改造与慈善紧紧地联系在一起，资助的项目将是"根本性的、永久性的和普遍性的，而非地方性的、临时性的和肤浅的。[2]本书所要讲的故事，洛克菲勒基金会在中国发展医学研究与教育的经历，就是在这种"批发式""科学慈善"的影响下开始的。对于洛克菲勒和盖茨于1900年前后开始的这种从"零售式"慈善向"批发式"慈善的转变，不少美国学者包括洛克菲勒传记作者都用"革命性"来形容其变化的性质和深度。[3]这场慈善革命为其后美国第三部门的发展确定了基本原则和运作模式。当然这些原则和模式的发展有一个过程，可以说洛克菲勒建立的几个大慈善机构，包括洛克菲勒基金会，在早期的活动都是在摸索试验这些原则。

洛克菲勒的生平是我们理解美国现代慈善发轫的好例子。洛克菲勒从每月拿出几毛钱捐给他认为有意义的宗教活动开始，到半个世纪之后，建立了当时世界上最大的慈善机构，推动了一场慈善革命。这一"工作，攒钱，散财"的生活哲理和经历，在很大程度上体现了美国资本主义上升时期经济理念、社会文化和宗教传统融合而成的主流文化。

三、慈善动机与对基金会的批判

英文中有两个词，"charity"和"philanthropy"，译为中文都是"慈善"。但是在英文中，这两个词的内涵是有区别的。Charity强调个人的慷慨行为或同情心理，指的是一个人在馈赠或对他人情况判断后所表示的关切与爱心。进一步说，这个词指的是一种个人

---

[1] 当然不是说洛克菲勒从此就停止了他个人对私人的赠予。他有自己的一个赠予名单。盖茨不过问此事。

[2] Gates, "Fundamental Principles," 洛克菲勒档案馆，盖茨档案。

[3] James Smith, "Evolving American Foundation." In Charles T. Clotfelter and Thomas Ehrlich, *Philanthropy and the Nonprofit Sector in a Changing America* (Bloomington, IN:Indiana University Press, 1999), p.36. Chernow, *Titan*, p.321.

对他人的慈爱行为。与此对照，philanthropy更是指捐助行为对整个社会或人类的关心，它通常意味着捐出大笔财产给有组织的慈善和机构来促进人道事业和社会福利。[1]以现代基金会问世为分界，此前的或类似此前的慈善行为，学者们通常使用charity，而说到此后的现代慈善则用philanthropy。这种选词上的不同，表明学术界希望明确地表达从传统慈善行为到现代慈善行为所发生的一些重要变化。那么，两者最主要的区别是什么呢？从目的或宗旨上看，charity是要减轻贫困和有需求的人们的苦难，也就是说减轻社会问题的症状，而以大基金会为代表的philanthropy则是要根治社会问题。受19世纪后期科学发现特别是医学和生物学方面的新知识、新发现的鼓舞，基金会的捐款人乐观地预见到科学发展与社会和经济"疾病"之治愈的有机联系，他们希望用基金会充裕的资金来促进科学知识、医学科学、教育和公共卫生的发展，从而根除产生人体和社会疾病的病源。同时，宗旨广泛的基金会在选择慈善目标和战略时，能够与时俱进，比传统的慈善组织要主动和有效率得多。就这样，美国慈善从以个人和家庭的善行发展为机构化、专业化、国际化的大规模事业，决策的机制和层次、对社会的影响力都发生了质的变化。自那时起，美国的现代基金会在很大程度上发挥着在欧洲由政府行使的大量职能。

从基金会的历史来看，美国最早的基金会形式以1867年马萨诸塞富商乔治·皮博迪（George Peabody）建立的皮博迪基金为代表，该基金从1868年到1914年一共捐赠了370万美元。然而，无论是规模还是宗旨，19世纪的基金会都更接近于传统上的charity，而与20世纪的现代基金会相当不同。卡内基的"财富福音书"预示着真正现代意

---

[1] Robert Payton, "Philanthropic Values." In Richard Magat ed., *Philanthropic Giving: Studies in Varieties and Goals* [M]. New York, NY: Oxford University Press, 1989：p.30.

义的基金会之来临，与皮博迪基金的地方性和救济性不同，这些现代基金会从一开始就将自己的使命与当时日益严重的阶级矛盾和社会问题紧紧连在了一起。与他们改造社会和改善人类福祉的远大目标相适应，基金会的宗旨一般都定得非常宽泛。1907年，拉塞尔·塞奇基金会（Russell Sage Foundation）成立时，其目的确定为"改善美国社会生存条件"。建于1911年的卡内基基金会（the Carnegie Corporation of New York）旨在"促进与传播知识和理解"。洛克菲勒基金会1913年成立时宣布其使命为"在全世界范围内促进人类福祉"，其涵盖如此之广而野心如此之大，以至于20年后不得不重新界定。而最宽泛的宗旨莫过于哈克尼基金（Harkness Fund，1918）了，该机构干脆就主张要"为人类的幸福做点什么"。[1]如此广泛而一般性地确定他们的使命是有原因的。一方面，在其经济实力和社会影响力蒸蒸日上的20世纪初，大基金会对自己可以实现这些重要的目的信心十足。另一方面，目的界定得宽泛而灵活，同时又授权董事会依据情况变化来调整使命和工作重点，这样就保证了基金会的可持续性。卡内基曾反复强调："一个有远见的人是不会把他的捐款栓死在某个一成不变的事业上的。"[2]

"Charity"和"philanthropy"的另一个重要的区别是：传统慈善的赠予都是地方性的，受益方绝大多数是本教会、本社区；而建立于交通和贸易市场四通八达的时代，现代慈善从一开始就面向全国、面向国际。卡内基在他的祖国苏格兰建立了多项基金，同时也建立了调查国际和平状况的基金。洛克菲勒在美国南部开展的公共卫生项目很快就扩展到南美洲和亚洲。在创办北京协和医学院之前，就已经开始在中国南方进行关于血吸虫和钩虫的调查。同时，

[1] Smith, Evolving American Foundation, p.38.

[2] Howe, The emergence, p.32.

传统慈善与现代慈善的规模也不可同日而语，现代基金会的资金实力从本章开篇时列出的数目可见一斑。这些基金会的巨大捐赠来自私人工业财富，而雄厚的实力使其有能力承担很多传统上属于政府的责任，特别是在高等教育和公共卫生方面。

现代慈善的另一个特点是所谓科学性。现代慈善的规模、对效率的强调，以及资助领域的科学技术性质要求其运作和管理从一开始就需要有专家的指导。"专家治理"成为科学慈善的重要特色。哈佛大学校长查尔斯·伊利奥特（Charles W.Eliot）说过一句有影响的话："相信专家，决心任用他们并支持他们的决定……任何一个民主国家要想成功，其人口的大多数应该对专家有强烈的尊敬和信心。"[1]基金会大多是由具有某种专门知识和训练的董事组成，以保证更高的效率和更广泛的影响力。大型基金会的建立使慈善事业逐渐专业化和机构化。慈善从此不再是以家庭为基础的个人行为，它脱离了捐款人及其家族的控制，成为由专家和专门管理人员全过程控制的一种"企业"（enterprises），其管理过程更像是企业而不是志愿者的慈善组织。最后，有别于传统的个人慈善组织，基金会是由政府颁发执照的法人机构，因此其慈善和公益的目的必须是公开的信息，也说明基金会的使命得到了公众的认可。[2]

具有讽刺意味的是，当美国现代基金会的三位巨头——拉塞尔·塞奇基金会、卡内基基金会、洛克菲勒基金会——在20世纪初踌躇满志地要改造美国、改造世界的时候，这些高度个性化的慈善机构却遭到了美国进步时代整整一代人的全面反对。进步时代紧跟

[1] Ellen C. Lagemann. *Philanthropic Foundations: New Scholarship, New Possiblilties*[M]. Bloomington, IN: Indiana University Press, 1999：p.255.
[2] 关于这方面的讨论，详见McCarthy, "US Foundationa and International Concerns" and Martin Bulmer, "The History of Foundations in the United Kingdom and the United States: Philanthropic Foundations in Industrial Society." In Heimut Anheier & Stefan Toepler eds., *Private Funds, Public Purpose: Philanthropic Foundations in International Perspective* (London: Kluwer Academic/Plenum Publishers, 1999).

着美国历史上的"镀金时代"。所谓"镀金"是形容内战结束后到1900年期间美国经济膨胀、社会浮华、表面上一派欣欣向荣的时代特点。然而"镀金时代"飞速的工业化、城市化和经济巨变带来了各种社会弊病，从而孕育了"进步时代"的到来。顾名思义，不断高涨的社会改造运动、因国家发展而带来的乐观主义情绪，以及倡导社会进步的各种新思潮的汹涌澎湃，给20世纪的头20年贴上了"进步"的标签。然而，基金会的问世以及对基金会的批判恰恰反映了这个时代自相矛盾的特点。一方面，大基金会的建立本来志在解决工业革命带来的社会问题，当属进步运动的一个部分，而且这类组织改造社会的雄心大志也反映了那个时代的乐观主义基调。但另一方面，垄断资本的崛起与传统经济中的小企业和独立小农之间产生了激烈的冲突，资本的高度集中激化了种种社会不满和对未来的焦虑，结果使身兼垄断资本发展与改造社会使命的洛克菲勒们成为进步运动首当其冲的攻击目标。

对于美国大基金会的批判，大致可从两个阶段来归纳其发展与主要特点。一个阶段是在"进步时代"，这是洛克菲勒的同时代人带着切身的感受与直接的利益冲突，对刚刚出现的大基金会做出的强烈反应。另一个阶段是在20世纪70年代之后，随着西方后马克思主义思潮的出现，西方政治学界、史学界和社会医学史界开始以"殖民主义""帝国主义"理论重新认识基金会的作用。这一阶段的批判是学术性的，同时，由于基金会到那时已经发展了半个多世纪了，因此大量的批判不但是从历史角度来进行的，而且有更多的事实依据。

首先看"进步时代"的批判。在1900年之前，从温斯洛普到卡内基，很少有美国人质疑捐款人的动机和明智。社会视这些人为"上帝的选民"，认为整个社区会得益于他们的发财致富。然而，到20世纪初社会对富人及其慈善观的看法来了一个急转弯，无论是捐款人的生意运作，还是他们的慈善行为、动机及其道德观念都越来越成为公共舆论批评的目标。在此转变中，一向不容置疑的财富与美德、慈善与公共利益之间的逻辑关系毫无例外地被分解了。"[1]社会运动发起了一系列行动，旨在限制捐款人的特权并减少他们对其捐款的控制。人们对如此迅速而残酷的经济竞争所导致的贫富分化越来越不满，这就为从基督教社会主义到浪漫马克思主义等各种社会福音运动提供了市场。

例如，早期社会福音运动的领导人华盛顿·格莱登（Washington Gladden，1836—1918）称这些富人的捐款是"脏钱"，从而给那时的批判定了调。格莱登说，那些慈善家的财富积蓄是通过对国家法律最大胆的违反而取得的，"他们蔑视法庭公正，向城市官员、立法人员甚至国会行贿，他们的种种行径给政治机体注射了剧毒，直接威胁到国家的健康"。"任何人、任何机构，知道了这些钱的来源后，还能不知羞耻地接受吗？""教育家和神职人员跟这些腐败者和勒索者共事就是对自己的机构和灵魂的损害。"[2]在美国历史上，这是第一次对慈善行为进行如此深刻的怀疑与激烈的批判。然而由于基金会刚刚建立，批判者没有掌握，也不可能掌握基金会已对社会造成负面影响的事实。在很大程度上，这些批判不过反映了当时社会对少数人拥有如此强大的经济势力和社会权力的不满和焦虑。人们不知道大基金会将对自己乃至整个社会有什么样的影响，因此感到忧心忡忡。

在批判的浪潮中，洛克菲勒成了众矢之的。由于对美孚石油公司的大量负面报道和批评，特别是让洛克菲勒极为恼火的同时代历

---

[1]　McCarthy, The Gospel of Wealth, p.52.

[2]　Washington Gladden. A Questionable Benefaction[J]. *The Outlook* 52, Nov. 30, 1895：p.886.

史学家艾达·塔贝尔（Ida Tarbell）的尖刻批判，洛克菲勒成为当时美国最受人痛恨的实业家。洛克菲勒之所以在这些百万富翁慈善家中遭到最激烈的攻击，还有一个原因。当拉塞尔·塞奇基金会成立时，塞奇早已离世。卡内基于1901年把美国钢铁公司卖给摩根，退出了经济舞台。之后他才开始从事大规模的慈善活动。但是，洛克菲勒建立各种基金会和慈善机构的时候，父子俩仍然掌控着家族的经济王国，包括后来发生了大规模劳资冲突的科罗拉多矿产。更叫人不放心的是，洛克菲勒基金会最初竟然与洛克菲勒石油公司共用在曼哈顿的办公室，而且上层管理人员亦多有重叠。这就难免让洛氏基金会处在一个相当尴尬的地步。对于批评基金会的人士来说，这种两栖管理体系实际上代表了公与私的利益纠结，在这样的情况下，你怎么能把家族的经济利益与基金会的公益目的完全分开？

难怪不少人直指洛氏基金会为其家族的附属品，说基金会的目的就是为了加强和延长美国最大的工业资本家对工人的压迫和对资源与权力的控制。

1903年，洛克菲勒普遍教育委员会刚成立不久，一些人就气愤地质问："我们美国的教育是不是要洛克菲勒化？"在这种气氛下，洛克菲勒向国会申请成立一个全国性基金会的努力一波三折，最后只勉强得到了一个纽约州的执照。

这个挫折给了洛克菲勒和盖茨不小的打击。当初，盖茨满怀希望地计划为洛克菲勒基金会争取到一个国会的执照，这样一来，当时的法律就会允许其拥有无限制的资产，成为一个自我永继（self perpetuate）的全国性和国际性的机构，有权在世界任何地方从事任何慈善所界定的事业。[1]相当讽刺的是，虽然洛克菲勒基金会没有得到国会执照，但它最终还是实现了盖茨最初的所有设想，并成为一

---

[1] Gates, *Chapters*, p.233.

个国际性的基金会。

洛克菲勒基金会成立后，各种批判更是接踵而来。当时的一篇文章说："几年前洛克菲勒基金会居然胆敢申请一个联邦政府的执照，虽然被坚决否决，可它毕竟得到了纽约州的执照。据此，基金会开始了一个巨大的计划，但很少有人能够理解它的广度和微妙之处。……基金会拥有的将近十个亿的本金简直就是一种王朝权力。"该文作者拿美孚石油的历史作为证据，激烈地批判道："没有什么方法比洛克菲勒之流的更残酷无耻了，而他们的财富就是如此积累起来的。因此，我们不会信任他们，不论他们说自己的目的是什么。"最后，作者提出，如果洛克菲勒基金会真是为了教育事业，那就请他们把基金会交出来，交给人民选出来的代表，让人民决定什么样的教育对他们最好，什么样的教育管理机构值得信任。"[1]

就在成立的当年，洛克菲勒基金会就遇到了第一次严重考验。那就是1913年发生的"科罗拉多屠杀"（Massacre in Colorado）。科罗拉多燃料与铁矿公司（CFI）是一家大公司，占有30万英亩矿产丰富的地产，雇用了六千名矿工——当地总共仅有三万名矿工。洛克菲勒家族控制CFI 40%的股票，洛克菲勒的独子小约翰·洛克菲勒担任公司总经理。自20世纪初，CFI是科罗拉多矿工工会活动的主要地点。1913年到1914年，当时CFI工人在组织工会的斗争中与矿方多次发生冲突，州政府出动军队来平息工人的斗争。"军队用机枪扫射矿工们的帐篷区，那里有数百的妇女和孩子，扫射很快使帐篷燃烧起来，枪击、士兵的冲击和吼声在整个社区延续了15个小时。[2]这场屠杀成为科罗拉多工人斗争史上最惨烈的一幕。当时的记者，

---

[1]　*American Federationist*, 1917, pp.206-208.（作者不详）

[2]　Graham Adams. Jr. *Age of Industrial Violence*, 1910—1915[M]. New York: Columbia University Press, 1966: pp.146-175.

后来负责威尔逊总统的战时公共信息委员会的乔治·科瑞尔（George Creel）在大雨瓢泼的一次万人集会上，谴责州长对事件的处理，但是他特别地谴责了洛克菲勒这个"控制着科罗拉多最大的矿业利益的人"。科瑞尔用宣判的口吻说："你们背叛了人民，你们是屠杀孩子的工具。"[1]

国会立即成立了由弗兰克·华尔士（Frank Walsh）为首的委员会对此案进行调查。采用委员会进行调查是"进步时代"政府和公司常用的办法，该办法背后的理念是当时流行的"社会问题实际上就是技术问题"。人们认为，如果用科学的方法进行调查，在有争议的事件中找出事实，那么代表公众利益的解决办法自然就会水落石出，而冲突双方也就有可能在此基础上达成一致。[2]听证会上，小约翰·洛克菲勒坚持说，虽然他是CFI的老板，但职权是有限的。他并不介入公司的具体政策，只集中注意其财政管理。据切诺在《巨人》一书中的揭露，在洛克菲勒的控制下，CFI的管理层不能承认工会的任何合法性。然而小约翰·洛克菲勒却向听证会表示，"我并不反对成立工会。像资方一样，劳工也有权利组织起来谋取他们的利益"。他说，如果工人组织通过集体谈判得到更高的工资和更好的条件，那"我全心全意地支持他们。"[3]小约翰·洛克菲勒冷静稳重的表现几乎迷住了所有的人，但华尔士却不为所动，他毫不留情，一个接一个地问问题，"洛克菲勒的脸越来越苍白，最后几乎变成灰色"，科瑞尔在他的报道中说，"我虽然对洛克菲勒怀恨在心，但此刻却很难不为他感到可怜"。[4]

---

[1] Adams，同上。

[2] Edward Silva, "Looking Backwards: How Foundations Formulated Ideology in the Progressive Period." In Robert F. Arnove ed., *Philanthropy and Cultural Imperialism, the Foundation at Home and Abroad* (Bloomington, IN: Indiana University Press, 1982：pp.66-69.

[3] Chernow, Titan, p.574; Adams, *Age of Industrial Violence*, p.162.

[4] Adams，同上，p.168。

　　与此同时，美国总统威尔逊指定的戴维斯·菲尔利（Davis Feirley）委员会对洛克菲勒家族做出极为苛刻的调查结果和建议，让洛克菲勒感到无法接受，因此，刚刚成立的洛克菲勒基金会决定亲自对工业和平进行独立研究。在1913—1914年的基金会年度报告中，他们的报告解释说：

　　特别是针对科罗拉多矿工冲突的问题，对于董事会来说，基金会所能提供的最好服务，就是对工业的动乱和失调进行一次仔细的、彻底的调查。我们不是要对冲突某方的优缺点下判断，而是要用科学的精确性来纯粹客观地将美国和其他国家在这方面的经历总结出来，这既包括现代工业内部的邪恶，又有迄今已取得的成功经验。[1]

　　华尔士委员会怀疑洛氏基金会的研究将粉饰真相，因此一面立即传唤基金会的参与官员到委员会听证，一面加紧了自己的调查。在华尔士的听证会上，当75岁的老洛克菲勒与卡内基同时出现在会场时，记者和与会者都争着要看一看这两位经济巨亨，会场内乱作一团，主席华尔士不得不一再高声要求：秩序！秩序！其实小洛克菲勒和其他基金会的官员早已为华尔士委员会作证，老洛克菲勒的出席无非是希望提高基金会在这次调查中的可信度。他与华尔士在听证会上的对话很能代表当时社会对成立基金会的一项争议，即富人到底应该如何把私人手里的钱转移到公益事业上去。

　　华尔士主席：我们已经一而再、再而三地说过了，持有大量资产的人，与其将超额利润以特许的慈善或施舍方式捐献出来，不如建立某种机制以工资的形式直接将这些财产分配给工人，或者一开始就让工人得到工业生产力中更大的份额。现在，作为世界上最伟

---

[1] *The Rockefeller Foundation, Annual Report,* 1913—1914, the second edition[M]. New York: Rockefeller Foundation, 1915：p.18.

大的捐赠人，洛克菲勒先生，我请你对我的话发表一下看法。

洛克菲勒：如果工人们逐渐成为你所说的这些生意的所有者，我会非常高兴。我将再高兴不过地放弃我拥有的部分的、任何的或者全部的股份，这样工人们可以与企业建立关系，根据他们的所有权在经理委员会有他们的代表，就像所有的持股人一样。

华尔士主席：我要给你读……

洛克菲勒（并不停顿他的发言）：这样就可以给他们你所说的利润，给他们在你脑子里的那份相当可观的利润。我十分高兴让他们得到这些利润而成为我的合伙人。[1]

对于这个问题，哈佛大学校长伊利奥特在华尔士委员会作证时，对用基金会这种形式来转移财富做了相当肯定的评价。他指出，基金会就是用公司的方式将大笔财富用来促进人类福祉。这种有政府执照的法人机构应该与促进社会福利的公共部门同时存在。"我希望这些提供伟大服务的法人组织能够持久，但这有赖于公共政策，在很多方面也有赖于各方对他们的所作所为进行的报道。在结束作证时，伊利奥特主动地高度赞扬了刚刚成立的洛克菲勒基金会，称其为"我所知道的最令人钦佩的慈善。我所说的令人钦佩是指它的目的和机构效率"。[2]

美国国会和政府对科罗拉多劳资冲突的调查结果并未导致限制大基金会权力的任何法律或行政行为；同样，各州也未增加福利拨款以平衡这些私立基金会提供的福利。从法律或政府干预上看，这场动用了三个政府委员会和一个国会委员会的调查最终竟然不了了之。与此同时，在第一次世界大战中，大基金会更是通过向政府的战时救济直接捐款而建立了与政府的合作关系。老洛克菲勒个人向

---

[1] Howe, The Emergence, pp.39-40.

[2] Howe, 同上，pp.40-41.

政府捐款7000万美元，其中包括基金会的2200万美元。此举不妨看作是洛克菲勒们为改善因"科罗拉多屠杀"而受到严重挫伤的公共形象所做的努力，而且在一定程度上还真起了作用。当时卡内基也向欧洲紧急救援捐赠了400万美元。一战中，这些企业家和基金会的官员们直接介入了政府战时动员署的工作。史学家伯里森认为，此后基金会在社会改革中的催化剂作用越来越大了，洛克菲勒基金会和卡内基基金会与政府的合作关系更是常规化了。就这样，大基金会终于从困难的襁褓时期生存下来。有学者形容基金会是在激烈的批判中几乎毫发无损地走出了"战场"，并从此坚定地进入了美国的权力体系。[1]

批判基金会的另一个高潮阶段，始于20世纪七八十年代。也就是在这个时期，学术界开始建立起"第三部门学"，研究所有类型的NGOs。对基金会文化的研究是其中最受关注的热门课题之一。大量专著、文章不但介绍了西方特别是美国基金会的历史沿革，更对基金会的运作、特点、涵盖领域以及管理层等加以分析。在这一学术分支中，学者们的主要注意力是在对美国大基金会早期历史的研究上，其中又以对洛克菲勒基金会的研究为最多，其次则是卡内基基金会、福特基金会和拉塞尔·塞奇基金会。原因当然是多方面的，但主要是因为这些大基金会的早期发展成为后起基金会的楷模，甚至为美国后来的非政府部门的发展确立了一些基本原则。其中包括慈善行为应以解决根本性社会问题和人类发展为主要目的，慈善给予必须有系统、有战略目的、讲求科学管理，非政府组织必须专业化、注重效率。这样的一些规范实质上确立了大型基金会和NGOs的"话语霸权"和"文化霸权"地位，因为大型专业化的社会组织不但将小型的、草根的、社区的社会组织挤到了非常不利的"边缘"

---

[1] Brison, *Rockefeller, Carnegie and Canada*, p.36.

地位，有时甚至排斥后者的存在。

这一阶段早期，一大批研究均采用了"帝国主义"和"文化帝国主义"等理论框架来进行批判。具有代表性的著作是卡诺（Martin Camoy）的《作为文化帝国主义的教育》（1974），布朗（Richard Brown）的《洛克菲勒医学人》（1979）和"公共卫生与帝国主义：洛克菲勒早期国内外项目"（1976），阿诺夫（Robert Amove）的《慈善与文化帝国主义：国内外的基金会》（1982），伯曼（Edward H.Berman）的《卡内基、福特和洛克菲勒基金会对美国外交政策的影响》（1983），阿古迪勒（Saul F.Agudelo）的"洛克菲勒基金会在拉丁美洲反疟疾项目：捐献还是控制"（1983）（英文书名详见参考文献书目）。这些学者对国际性慈善的动机做了激烈的批判，他们所定义的帝国主义动机包括：保护美国势力范围内的生产力，扩大美国商品的海外市场，使第三世界的教育殖民化，控制当地的社会精英。一言以蔽之，就是以慈善为手段来为美帝国主义的政治经济利益服务。

美国内战后二三十年的飞速工业化造就了卡内基、洛克菲勒等一批经济巨人，与此同时，也酝酿了20世纪头20年的进步时代。当社会运动高潮将矛头指向这些"强盗巨富"（robber barons，美国进步时代对洛克菲勒之类富翁的称呼）时，正是洛克菲勒慈善事业开始起步走向现代、走向世界的阶段。这种时间上的同步和利益上的纠结不仅引起洛克菲勒同时代人的焦虑，也不可避免地导致了后马克思主义时代学者的质疑。正因如此，批判者将洛克菲勒的经济利益与慈善目的联系起来，建立了一种因果逻辑。在对洛克菲勒慈善事业的种种批判中，首先针对的就是他的动机。相当多的人认为老洛克菲勒是在用慈善来改善自己在社会舆论和公众中的恶劣形象。也有人认为他赚够了钱，老之将至，愧对良心，才立地成佛。从上文讲述的洛克菲勒的故事可以了解，这样的批评并不符合事实。大量研究表明，慈善行为是一种由心理、宗教、社会、文化等因素综合激励的非常复杂的现象，人们出于各种动机拿出自己的钱来帮助他人，帮助社会。有时，那些对慈善基金会持根本性否定态度的立场未免使人困惑。一位当代学者讽刺说："我们期待富人慷慨，否则就批评他们，而当他们乐善好施时，我们却又开始质问他们的动机。"[1]

当盖茨一心一意地为洛克菲勒打造慈善大业时，那些对基金会的批判在他看来简直就是人类忘恩负义本性的暴露。他难免为洛克菲勒感到愤愤不平。他在回忆录中写道，一天他大胆地对洛克菲勒说，"洛克菲勒先生，如果一个人从行善中得到的快乐有赖于人们的赞美和感激，或者公众的承认，如果追求或期待从这样的反映中得到满足，而不是因自信动机美好而得到良心的默许，那这个人的太阳一定会掉到失望与苦涩的云海尽头了。"对盖茨的一席话，洛克菲勒刻意不寻常地回答说："难道我不知道这个吗？"[2]实际上，无论卡内基还是洛克菲勒，都常常被人们对其动机的批判感到困扰。直至今日，学者们还在讨论慈善行为到底是出于利他动机还是出于用个人想法去改造世界的野心。或者两者都有？两者并不排他？研究美国慈善基金会的资深学者伯灵格指出："利他主义并不是界定慈善的唯一动机，它也不一定是理想的运作动机。如果解释慈善行为只强调一种动机（利他）而排除另一种动机（个人野心），那就不会有成果，因为大量的证据已经表明，当慈善行为发生时，两者同时在起作用。"[3]

---

[1] Soma Hewa, Philo Hove eds. *Philanthropy and Cultural Context: Western Philanthropy in South, East, and Southeast Asia in the 20th Century* [M]. Lanham, MD: University Press of America, 1997：pp.8-9.

[2] Gates, *Chapters*, p.210.

[3] Dwight Burlingame. *Altruism and Philanthropy: Definitional Isuues*[M]. Indianapolis, IN: Indiana University Center on Philanthropy, 1993：p.6.

如前所述，"文化帝国主义论"强调基金会援助项目背后的直接政治经济企图，这样的批判性理论框架对所有基金会一概而论，有很大的局限。历史证明，在进步时代发轫的现代慈善事业和大基金会，虽然当时受到社会进步势力的穷追猛打，其出现却与当时的主流文化有着深刻的内在联系。当时，"自由发展主义"（1iberal—developmentalism）成为美国主流文化的意识形态，概括说来，包括五个要点：

1.相信其他国家的发展应该重复美国的发展经验；

2.信仰私有自由经济（privatefree enterprises）；

3.支持对贸易和信息自由开放；

4.促进信息和文化自由流动；

5.越来越支持政府在保护私有企业和刺激、管理美国参与国际经济文化交流中的行动。[1]

美国学者卢森堡在《传播美国梦：美国经济文化扩张，1890—1945》一书中强调，"自由发展主义"的意识形态与深植于美国宗教与世俗文化中的"美国使命"是紧密联系在一起的。那个时候，大多数美国人认为新教基督教是一个国家走向现代的精神前提。在洛克菲勒基金会成立的时代，宗教狂热、种族优越和美国的"天定命运"交织在一起，形成了美国人的世界观。例如当时"世界国会"（The World Congress）的组织者查尔斯·邦尼（Charles Bonney）就这样宣布，他的组织的使命就是在全世界推动"进步、繁荣、团结、和平和幸福"。[2]很显然，大基金会在国际国内的所作所为正是这一意识形态的具体表现。

在当时主流文化思潮和世界观的影响下，卡内基、洛克菲勒等

---

[1] Emily Rosenberg. *Spreading the American Dream: American Economic and Cultural Expansion:* 1890—1945[M].New York, NY: Hill and Wang, 1982：p.7.

[2] Rosenberg, 同上，p.8。

基金会的领导层就像19世纪的传教士一样，深信美国人有能力、有责任去改进和完善其他文化，并愿意以进步主义的法则来提高那些身处"低层"的社会。本书在研究洛克菲勒基金会的在华项目时，将提供大量事实来说明基金会创办人的初衷：即用西方文明，包括科学医学和科学精神来改造中国的文化精英，从而推动中国文化与社会的进步。这样的动机与直接获取政治经济利益的帝国主义是有区别的。

近年西方学术界对基金会的研究也非常注意慈善家是如何按照个人的理念和文化去改造社会、改造世界的野心及其长远影响。大基金会从诞生时起就由兼具白人、男性、新教基督徒、经济文化精英、盎格鲁—撒克逊种族等特征的管理层掌控，考虑到这一事实，具有自由主义传统的学术界自然会关注这一群体的社会和文化影响，并对此持有最强烈批判的态度。一个突出的例子就是，在基金会成型的早期阶段，基金会的第一代领导是用他们对社会问题的理解、对科学和医学发展的认同，以及对科学慈善的信心来建立拯救社会和改造世界的宏图的。这一特点在洛克菲勒的中国项目中十分突出，这也是北京协和医学院项目在这些批判文章中常常被提及的主要原因。

随着对基金会研究的深入，20世纪90年代以来，越来越多的学者从帝国主义对第三世界侵略的思路中走出来，开始注意到大基金会对美国和西方国家自身文化的影响，旨在从更深层的文化角度来看社会中的资源占有阶层——无论这种资源是物质金钱还是知识信息——是如何利用这种占有来建立社会文化霸权的。换句话说，在批判"显而易见"或一般化的经济政治动机的基础上，基金会研究已经深入到分析盘根错节、无所不在的文化因素与基金会行为的相互作用上。

举例来说，1930年至1950年是美国"新生物学"即分子生物学的诞生时期。在这30年间，X-DNA自我复制机制的说明，对其信息编码行为的解释，都达到了高峰，这些发现为基因工程奠定了认知基础。科学家现在可以在最根本的层次来控制和处理基因，并尝试以此控制生物的乃至社会的进化，因为他们自认为掌握了"生命的秘密"。莉莉·凯的研究表明，这一新兴学科的确立并非自然科学发展中的一种偶然过程，相反，其兴起是美国科学界的既成权势集团——科学家和他们的资助人，更具体地说就是加州理工学院的科学家和洛克菲勒基金会——在研究这种赋予生命的现象时，通过有系统的资助和合作，有目的地指导该学科向基于双方共识的科学观与社会观方向发展。凯进一步指出，洛克菲勒基金会塑造生命科学的权力实际上超越了其量化资助。因为通过大量而有系统的研究经费和奖学金，能有效地创造和促进跨学科的组织机制，从而有系统地培育了一个以项目为主导、以技术为基础的生物学。创造适应于基金会计划的组织机制，其背后的动机是建立合作，这是分子生物学发展的关键。凯批判道，在这里，合作有更深远的含义。在当时放任主义的环境中，合作成为一战后科学、工业和公司合作的政治-经济意识形态。生物学的重新改组反映了当时整个科学界乃至美国社会关系的重组。正是通过左右新生物学，洛克菲勒基金会确立了一种"知识和文化的霸权"。[1]洛克菲勒基金会强调，一个学科必须建立在专门技术知识的基础上，其最终目的是要在美国文化中建立一种当时大基金会和学术精英认同的意识形态，即社会改造应该建立在一种理性的基础上，而科学的发展为这种理性提供了认知基础。

基金会左右文化趋势的行为当然不止于洛克菲勒。卡内基基金

[1]　Kay, *The Molecular Vision*, pp.1-19.

会（Carnegie Corporation of New York）是由卡内基本人建立的最大也是最后的一个慈善组织，在他辞世时拥有13 500万美元本金。到1982年，基金会共拿出将近5亿美元用于公益事业。美国学者拉格曼以这个基金会为例，揭示慈善财富如何用其巨大影响来左右美国学术界和艺术界的专业化和组织形式、公众对艺术欣赏的趋向，以及在学术界哪些思想和意识形态可以占有特权地位。拉格曼用"知识的政治"这一概念来形容知识的创造、发展、组织和传播如何发展为一种处于美国生活中心的政治。在美国从前工业化发展到工业化，再进而步入后工业化的过程中，知识和土地、资本一样，成了国家决定性的资源。目前越来越多的研究机构的生存有赖于私立和公有基金会的支持，因此，是否给予研究经费或资助、知识的传播方式、培训途径等已成为管理和控制知识发展的重要手段。在经济日益发达，人口、文化和利益日趋多元化，私人资本与各种公共利益矛盾日益激化的情况下，控制知识和它与公共政策制定之间的关系就成了重要的政治权力。拉格曼指出，美国现在的两难困境在于：一方面，现代社会需要专业知识，而且卡内基基金会也一直在培育知识的发展；但另一方面，民主制度强调平等和普遍参与，而这种强调与大基金会的"知识政治"对立的可能性不断增长。人们对由精英掌握专业知识的性质和运用这种现实提出了越来越大的疑问。[1]

　　大基金会在其他西方国家的文化项目也支持了这种批判文化霸权的理论。伯里森的研究集中分析了卡内基基金会和洛克菲勒基金会如何把他们的巨大资金变为文化权力，来影响加拿大的文化政治与文化经济。二战后加拿大政府对学术和文化的介入非常有限，其他资源也寥寥无几。这两个基金会对加拿大的大学、博物馆、艺术

---

[1]　Lagemann, *The Politics of Knowledge*, pp.3-5, 253-263.

馆、艺术家、知识分子、学术组织和职业协会的大量资助确立了这些文化领域的基本模式，其影响是实质性的。更值得注意的是，这种资金的转移是在加拿大精英与美国基金会官员的合作过程中完成的。前者在建立学术机构、从事研究、界定和组织学术专业和建立自己的文化权威时，指望着曼哈顿的财富与思想支持，他们甚至在申请赞助时就知道什么项目可能会得到批准。在这种情况下，美国基金会资助的受益人是加拿大的文化精英，而非广大公众。后者在文化权威结构中并无话语权。[1]

概括来说，20世纪后期以来西方学术界批判基金会的要点之一，就是这些私人机构通过自己的捐赠资金"购买"了影响大量本质上属于公共领域事务的权力。通过这种影响力，基金会为英国新左派作家威廉姆斯（Raymond Williams）所说的"习俗、思想、价值的中心体系"提供了主要的和有效的领导机制。大型基金会在文化表达上的权力甚至不逊于国家权力，特别是当国家在发展文化与公共服务上失效或资源不足时。当社会上没有其他利益群体可以与基金会角力时，其文化霸权实际上就已经确立了。不过，问题的另一面是，国家和公共领域的确需要非政府部门的支持和参与，非但如此，后者的参与本身也是民主程序的一部分，更何况这种非政府部门的作用本来就是美国的传统。所以，问题不在于基金会是否应该存在，而在于如何制衡这类组织用经济实力得到的文化乃至政治影响力。

在美国，由耶鲁大学带头，在20世纪70年代开始对所谓的"非政府组织"（NGOs）进行系统的学术研究，由此建立了"第三部门研究"这个新的社会科学分支。这个领域将政府部门、私有经济部门和非政府部门（也就是第三部门）视为现代社会的三大基本政治

---

[1] Brison, *Rockefeller, Carnegie and Canada*, pp.8-9.

经济结构，而基金会正是作为第三部门组织中的一类组织被加以分析的。在此，基金会和其他非政府组织一起，其社会功能、组织结构、可持续性等成为学术分析与批判的课题。那种把基金会与大资本及"帝国主义"政权和经济利益紧紧地绑在一起的思维方式受到了挑战。

　　总而言之，20世纪初美国现代基金会的发轫，是当时经济发展和社会变革的直接产物。大型基金会一旦成立，因其经济实力及与文化精英乃至政府的合作，就不可避免地成为影响社会发展的重要因素。今天，美国的第一批基金会已步入百年。虽然当年拿出巨额财产成立这些基金会的富豪家族已不再具有对基金会的控制权，但是这些人当年所建立的基金会文化（其主旨、运作原则、自我永继的能力等）却仍在继续影响着今天的基金会运作。至少在"可持续"这个意义上，基金会当初的设计和原则可算是相当成功的。

　　在短短的百年历程中，基金会始终是社会注视和批判的目标。以"进步时代"为代表，各种社会改革运动对洛克菲勒基金会等采取了相当严厉的否定立场。然而事实却是，美国现代慈善事业的兴起实际上受到了进步主义和自由主义思潮的深刻影响，其中包括用美国模式改造社会、改造世界的愿望，以及对美国"天定命运"的乐观主义情绪。正是这种愿望和情绪引导洛克菲勒走向中国。

第四章　新世纪美国非政府组织[1]的特点

美国形形色色的非政府组织是最能揭示"美国特色"的领域之
一。[2]社会文化的多样性、民间力量的强大以及普通民众参与社会
公益事务的热心等都能从中得到较为充分的体现。经过300多年的
发展，美国的非政府组织已成为其综合国力的重要体现，在数量、
规模、社会影响及作用等方面也具有"超强"特征。在全球化的大
背景下，美国有些非政府组织从最初服务于国内社会积极走上国际
舞台，在国际关系中发挥着举足轻重的作用。随着近年来的发展变
化，美国非政府组织也出现了新变化、面临新挑战，值得我们进一
步关注。

第一节　美国非政府组织概论

一、美国非政府组织的界定

如何界定美国的非政府组织，确实是件非常困难的事情。即使
是美国学术界对本国的非政府组织也没有统一的定义，因为非政府
组织涵盖面极广。洛克菲勒三世曾将非政府组织称为"看不见的部
门"，"因为它不像政府和市场那样容易辨认"。

---

[1]　袁鹏，黄放.外国非政府组织概况[M].北京：时事出版社，2012.
[2]　潘小松.非营利部门在美国社会中的作用[EB/OL]. http://www.gmw.cn/02blqs/2003-07/07/03-
C38DD441B7128FFC48256DD7001AB49B.htm.

根据美国国内税收法（IRC），非政府组织必须包括三个基本点：（1）出于某些慈善目的；（2）不将其净收益分发给组织管理者；（3）控制某些政治行为。美国学术界目前较为公认的对非政府组织的界定，是美国约翰·霍普金斯大学教授萨拉蒙提出的有关非政府组织的六大特征：（1）正式组建。非政府组织必须有根据国家法律注册的合法身份，具有法人资格，组织能够持续运作。（2）非政府性。非政府组织既不是政府机构的一部分，也不能由政府官员主导的董事会领导，但它可以接受政府的支持。（3）非营利性。设立组织的目的不是为所有者创造利润。非政府组织并非不能有营运收入和结余，但其结余不能用于"分红"，必须重新投入其所从事的事业中。（4）自治性。非政府组织有自己内部的管理程序，不受外部实体的控制。（5）志愿性。非政府组织的成员志愿参与组织任务的执行和内部事务的管理。（6）公共利益性。服务于公共目标，以提高社会福利为己任。[1]

基于以上内容，可给出"非政府组织"一个大体上的概念，即独立于政府之外、不以营利为目的、志愿性的社会组织。非政府组织关注的大多是社会公共性的问题和人类共通性的问题，比如贫民救助、贸易公平、环保、反战、反核等等，是致力于解决各种社会性问题的社会组织。

必须要说明的是，在美国，人们往往更倾向于使用"非营利组织"这个词，来区分与政府和企业之外的"第三部门"。非营利组织这个自美国发源并向世界流传的词，其原意是指，由私人为实现自己的某种非经济性愿望或目标而发起的各种各样的社会机构或组织。它不仅包括基金会、慈善筹款会等公益类组织，也包括社交联谊、互助合作、业主和专业协会等互益类组织，还包括私人创设的

---

[1] Michael O'Nell. *Nonprofit Nation*：*A New Look at the Third America*[J]. Jossey Bass，2002：p.2.

学校、医院、社会福利服务机构、艺术团体、博物馆、研究机构等服务类组织。美国人认为该词最容易划清公益组织与企业组织的界限，不管各类非营利机构之间有着多么大的不同，但是"非营利"可以概括其共性。"非营利"在"非营利组织"中的意思是指组织的经营、运作目的不是获取利润。非政府组织是政府以外的为实现社会公益或互益的组织。[1]简单地说，非政府组织和非营利组织具有两大共同基本点：非政府性与非营利性。如果强调它跟强制机制的区别，那它就是非政府组织；如果强调它的非营利性或公益性，那么它就是非营利组织。两者都是相对于政府部门和企业部门而言。在本章节中，将统一使用美国"非政府组织"一词，以与国际上大多数国家的用法一致。

二、美国非政府组织的主要类型

本文所指的美国非政府组织的范围包括非政治、非宗教、非营利的组织以及多种多样的社区基层组织。主要类型如下：

1. "思想库"等独立研究机构

"思想库"一般是指独立于政府和企业（甚至是大学）之外，从事公共政策研究的非营利性学术机构。最早出现在二战时期的美国。据统计，二战爆发前，全美仅有20个左右的思想库，但到20世纪80年代末，私立的及附属于大学的思想库飙升至1200多个。到20世纪末，该数字达到了1600个之多。[2]其涵盖范围也从战略、军事、国际关系的研究，扩展到了当代政治、经济、社会问题。享誉全球的美国兰德公司、布鲁金斯学会、国际战略研究中心、企业研究所等是其中的典型代表。值得一提的是，思想库等研究机构虽然标榜

---

[1] http：//www.cpwf.org.cn/yj/detail.asp？Id=115.

[2] 中国现代国际关系研究院课题组.外国非政府组织概况[M].北京：时事出版社，2010：28-59. Hellebust, Lynn，ed.Think Tank Directory：A Guide to Nonprofit Public Policy Research Orgainization.Topeka, KS: Government Research Service,1996.

自身的独立性、非政治性，但随着时间的推移，它们已很难与某个党派、某些部门、某种利益集团厘清关系。纯粹意义上的非政府类研究机构已经很难寻找。

2. 基金会

美国基金会中心对"基金会"的定义是：非政府的、非营利的、自有资金（通常来自单一的个人、家庭或公司）并自设董事会管理工作规划的组织，其创办目的是支持或援助教育、社会、慈善、宗教或其他活动以服务于公共福利，主要途径是通过对其他非营利机构的赞助。根据美国《基金会年鉴》（2000年版）提供的数字，资产在300万美元以上、年捐款在20万美元以上的基金会共有10492家，而这一数字还不到全美基金会总数的1/4。[1]数量众多且庞大的各色基金会为美国各方面的发展提供了难以计数的资金，在美国的经济、社会、文化生活方面发挥了不可替代的作用。实力雄厚、捐资巨大、影响深远的如福特基金会、洛克菲勒基金会和凯洛格基金会等等，至今仍在美国乃至全球发挥着巨大的影响力。

3. 社会基层组织

该类组织种类繁多，涵盖面相当广，一般包括社会服务组织、卫生保健组织、教育研究组织、社会运动组织、艺术和文化组织、互助型组织等等。

美国大约有33万个社会服务组织。它们获得政府、基金会、公司和个人的广泛支持。美国政府的资助占社会服务组织收入的60%。无家可归者、受虐待儿童、精神病人、残疾人、老年人、吸毒者、地震和水灾灾民、移民、难民、失业者等等，都得到这些组织的帮助和照顾。美国红十字会、美国志愿者组织、男孩女孩俱乐部等著名的社会基层组织在美国拥有巨大的影响力。

---

[1]　资中筠.散财之道——美国现代公益基金会评述[M].上海：上海人民出版社，2003：4.

从经济实力和就业人数看，卫生保健组织是最大的非政府组织类型。根据1997年统计，美国3万个非营利卫生组织收入3850亿美元，资产4610亿美元，雇佣500万名工作人员。医院是卫生保健组织的主要形式，占到该类非政府组织总数的2/3，除此之外，还包括托儿所、家庭照看服务、计划生育诊所、血库、精神病中心，以及戒烟、戒毒、戒赌等项目。卫生保健组织收入和工作人员人数占所有非政府组织总收入和工作人员的一半，其收入占国内生产总值（GDP）的13％。2000年，美国卫生研究所支出140亿美元用于研究、奖学金、培训或者支持其他非营利组织。

教育研究类组织主要包括：小学和中学、大学、研究机构。教育机构比其他类型的非政府组织对个人产生的影响都大，因为学生在学校的时间很长。1997—1998年，美国各大学的校友一共向母校捐款550亿美元。

社会运动类组织主要是为促进某项事业或为了实现某个特定的社会或政治目标，让更多的人或对象受益。此类非政府组织一般谋求推动社会变革，寻求使现状发生"变化"，"变化"可能是"进步的"，也可能是为了实现更保守的社会和政治目标，如反对移民、反对计划生育或反对给予某些人权利的非政府组织。社会运动组织的目标主要是改变政府机构、公司、其他大机构以及一些非政府组织的政策或实践。例如，妇女权利、少数民族权利、同性恋权利组织，关注一些宗教团体、私立大学、基金会的政策。但其目标更多的是针对政府和企业，因为政府和企业的行动能影响到更多的公民、雇员和消费者。

艺术和文化类组织包括剧院、交响乐团、歌剧团、舞蹈团等。从收入、资产、雇员人数、组织数量等看，此类非政府组织占所有非政府组织总数的比例较小。美国政府是艺术活动的重要资助者。

1995年，联邦、州和地方政府在艺术活动上支出15亿美元。但是，与其他发达国家相比，美国政府对艺术和文化活动的赞助比例很低。

互助类非政府组织的主要目的是为其会员服务。该类组织主要有工会、商会、俱乐部、读书会、兄弟会、屋主协会等。2000年，美国有10.5万个兄弟会、8.2万个商会、6.7万个俱乐部、3.5万个退伍军人协会。

第二节　美国非政府组织的发展历程

一、美国非政府组织发展的社会政治基础

首先，自由、自治的政治与社会传统是美国非政府组织产生的根源。美国的政治传统反映了美国文化的两面性，美国政治不仅有掌控政权的政府，还有社会治理。[1]对自治、自由的热衷，使人们强烈地反对政府集权主义，对集权的反感充斥到政治、经济和社会等各个领域。美国人不太愿意依赖政府来解决社会问题，而情愿自发地组成各种团体或组织、通过多种志愿活动来解决困难："社会发展先于政府的历史使人们愿意接受集体提供公共需要的模式，而不愿求助于政府的权力。"[2]美国的居民对社会的主管当局投以不信任和怀疑的眼光，只在迫不得已的时候才向它求助。[3]"三权分立"的政治体制避免了美国政府权力的过分集中。"小政府、大社会"的整体环境，让非政府组织在社会上有足够的空间发展，可以深入到

---

[1] Helmut K. Anheier,Lynn. *Non-profit organizations: theory,management,policy*[M]. Routledge,2005：p.22.

[2] 潘小松.非营利部门在美国社会中的作用[EB/OL]. http://www.gmw.cn/02blqs /2003-07/03-C38DD441B7128FFC48256DD7001AB49B.htm.

[3] [法]托克维尔.论美国的民主（上卷）[M].董果良，译.北京：商务印书馆，2004：213.

公众生活的方方面面。

其次，种族和文化的多样性有助于非政府组织的发展壮大。美国的基本社会特质就是"多元一体"，作为多元的移民社会，它拥有不同的人种和多样的宗教。社会组成的多元导致了人们需求的多元，不同的社区往往拥有各自的文化准则和运行机制，从不同的日常生活需求到个人理想追求的迥异，都为各色非政府组织的出现和发展提供了极大的发展空间。在美国政府成立之前，就有了社区的形式，社区居民通常采用自发结成组织的方式来应付各种难题，这种以志愿形式结成组织处理问题的有效性，使非政府组织成为普通百姓日常生活中不可或缺的一部分。

最后，政府和企业回应社会需求不力也促进了非政府组织的发展。有专家指出，"政府失灵"和"市场失灵"是非政府组织出现并体现出自身价值的重要原因。政府由于人力、物力、财力和精力的有限性，在许多民众生活较为具体、细微之处并不能做到尽如人意，而企业由于受到商业利益的驱动，也较少涉足虽然与民众生活密切相关但得不到什么利润或是利润较少的领域。而非政府组织，由于是普通民众自愿自发形成，因此，往往能深入到民众需求的最前线，为他们提供及时、具体的服务。同时，民众也对非政府组织产生了需求和依赖。

二、美国非政府组织发展的四个阶段

1. 第一阶段：从殖民地时期开始至美国独立战争

这是美国非政府组织的萌芽阶段。英国的有关慈善事业的法律和法规在此阶段传到美国，为美国非政府组织的发展奠定了基础。17世纪初，英国出台《伊丽莎白法规》，新的慈善事业逐渐在英国大规模实施。17世纪末，资本主义在英国蓬勃兴起，社会矛盾和冲突迭起，为缓和矛盾，英国政府颁布了《慈善法》等法律提供救济，一方面允许各种民间结社的存在和发展，另一方面鼓励和保护民间慈善和救济活动的发展。随着英国人向美国的大规模移民，慈善活动以及相应的法律法规就由这些早期殖民者带到了北美殖民地。[1]在这一阶段，美国出现的非政府组织主要是大学（如哈佛大学、普林斯顿大学等世界著名学府就于那时成立）等非政府组织，以及与独立战争期间的战争需求紧密联系的志愿组织，如民间消防队、仓储团等。

2. 第二阶段：从19世纪二三十年代到19世纪末期

这是美国非政府组织发展呈现多样性的阶段。在将近一个世纪的时间里，美国非政府组织的类别开始丰富起来，发展为互助社、改良运动组织、社会服务组织、教育文化机构、慈善基金会等。

法国著名政治学家托克维尔在其代表作《论美国的民主》一书中描述19世纪30年代的美国时称："美国是世界上最便于组党结社和把这一强大行动手段用于多种多样目的的国家"，"除了依法以乡、镇、市、县为名建立的常设社团之外，还有许多必须根据个人的自愿原则建立和发展的社团"。[2]

慈善事业在美国的发展成为废奴运动和为社会正义而战的一个因素，并且也为妇女和少数族裔参与政治做出了贡献。[3]19世纪30年代由反对奴隶制度的人们共同创立的废奴协会，在1840年拥有2000个地方组织，会员总数达25万人。到19世纪晚期，资本主义的快速发展加剧了工人阶级和资产阶级的对立，为维护集体利益，并致力于社会变革的工人团体不断涌现。1886年，美国工人成立了劳动者联盟，表现出了无产阶级组织起来维护自身权益并与垄断资产阶级相抗衡的趋势。同时，垄断资本家为缓解矛盾并避免冲突，将其一

[1]　王名. 非营利组织管理概论[M]. 北京：中国人民大学出版社，2002：20.

[2]　[法]托克维尔. 论美国的民主（上卷）[M]. 董果良，译.北京：商务印书馆，2004：213.

[3]　Helmut K. Anheier,Lynn. *Non-profit organizations: theory,management,policy*[M]. Routledge,2005：p.23.

部分剩余利润集中起来，成立各种形式的基金会或信托机构，用于开展社会公益活动。著名的摩根、卡内基和洛克菲勒等一批致力于社会公益事业的基金会都诞生于这一时期。面对日益严重的贫困化的现实，许多慈善人士慷慨解囊，兴办起各种各样的慈善组织。1897年，在美国波士顿及周边地区，一个基督教团体发起向15万穷人提供一顿免费圣诞晚餐的活动，著名的慈善组织救世军由此诞生。19世纪最后30年，美国两极分化加剧，同时社会达尔文主义、改良主义和激进思潮进入美国，这些变化必然反映到慈善公益事业上，逐步形成一套机制和行政规范，为20世纪繁荣发达的基金会等公益事业奠定了基础。[1]

3.第三阶段：从20世纪初到第二次世界大战之前

这是美国非政府组织发展壮大阶段。美国南北战争后工业化和技术的突飞猛进造就了空前的财富，为非政府组织的发展打下了丰富的物质基础。根据粗略的统计，1880年的百万富翁不到100名，而在1916年达到了4万人。[2]美国的慈善活动从个人行为转为更有组织、更大规模的活动。20世纪头20年出现了一批组织完善的现代化大基金这样的新事物。[3]最早出现、起带头作用的三大基金会是塞奇、卡内基和洛克菲勒，所创立的基金会模式，为以后基金会的蓬勃发展奠定了基础。

与此同时，基金会出手阔绰的捐赠使得第一批思想库开始诞生，如塞奇基金会（1907年），卡内基国际和平基金会（1910年），政府研究所（1916年，于1927年与经济研究所、罗伯特·布鲁金斯经济与政府研究生院合并为布鲁金斯学会），胡佛战争、革命与和平研究所（1919年），国家经济研究局（1920年），外交关系

[1] 资中筠.散财之道——美国现代公益基金会评述[M].上海：上海人民出版社，2003：25.
[2] 同上，第28页。
[3] 同上，第29页。

委员会（1921年）等第一代美国思想库登上了历史舞台。这些基金会主要进行学术研究和政策分析，为应对日趋复杂的国内、国际环境向政府和政策决策者献计献策。

而美国政府对捐赠慈善提供的免税待遇，无疑也鼓励和刺激了民众参与慈善事业的行为。美国国会于1917年通过一项重要法律，允许美国公民把个人所得税的部分免税捐给慈善机构。大约同一时期，另一项税法以及宪法第16次修正案规定非政府组织活动本身享受免税待遇。

4.第四阶段：第二次世界大战后至今

这是美国非政府组织发展最为迅猛的阶段。美国各阶层志愿服务总体呈增长趋势，经济的繁荣、政府职能的缩小以及移民的大量涌入，极大地促进了美国非政府组织在此阶段的发展。

二战后，美国经济蓬勃发展，居民生活水平提高、收入大增，民众追求更多的非营利性质的服务，越来越多的人加入非政府组织并参与其活动。20世纪60年代的"伟大社会计划"让非政府组织更广泛地进入健康、教育、福利和其他社会服务领域。移民的大增，导致在不同种族的移民群体和社区中出现新的非政府组织活动。

非宗教性质的慈善类非政府组织由1946年的2.75万个增加到2000年的74.4万个。从20世纪60年代中期起，经美国国税局批准的新成立的非政府组织每年约为5000个，从20世纪70年代末期到20世纪90年代初期，这一数字在3.5万个至4.5万个之间，而在2000年，达到了6.7万。1990—1995年，美国的非政府组织的规模扩大了20%，非政府组织的增长速度超过同一时期整个经济增长的速度。这种高速发展的一个主要原因是，美国服务领域就业的增长超过了经济的增长。[1]

---

[1] [美]莱斯特·M.萨拉蒙.全球公民社会——非营利部门视界[M].贾西津，魏玉，等译.北京：社会科学文献出版社，2002：302-303.

2000年，在美国国税局注册登记的非政府组织已达180万个，此外还有数百万其他的各类协会。在美国，宗教组织无须注册登记；年收入额低于5000美元的非政府组织可以不用注册登记；而且还有些理应注册登记的组织却没有注册登记。若将其全部计算在内，美国非政府组织的数量将远远超过已知的180万个。

从非政府组织产生的经济价值来看，其全年收入额为1万亿美元，资产达2万亿，占美国国内生产总值的5%~10%。若将其收益与全球各国的国内生产总值相比，仅有日本、德国、英国、法国、意大利和中国这6个国家的国内生产总值在其之上。

从非政府组织的雇员数量来说，2001年，美国的非政府组织总共雇佣了1200万人，超过了联邦政府和50个州政府的雇员总和，占全国组织机构雇员总数的8%。其雇员超过了农业、采矿业、建筑业、运输业、通讯业等公众服务业和金融、保险及房地产业中的任何一个行业。而其中大约85%的人员是在从事卫生保健（主要是医院和家庭护士）、社会服务（如照看小孩、工作训练和教育）等非政府组织的工作。[1]此外，非政府组织还拥有1亿多名志愿服务人员。[2]

第三节　美国非政府组织对美国社会和外交的影响

美国的非政府组织，数量庞大，经济实力雄厚，社会影响广泛，从业人员众多。在文化教育、医疗卫生、妇女与儿童权益保护、老年人服务、消除贫困、就业、移民、环保、预防犯罪、社区

[1] Gerard Alexander. *The Nonprofit Industrial Complex*[J]. The Weekly Standard,April 23，2007：p.24.

[2] 以上数据除特别表明外，均来自Michael O'Nell, *Nonprofit Nation: A New Look at the Third America*, Jossey-Bass,2002.

改造、帮助少数族裔等方面，非政府组织都发挥着政府机构和其他组织无法替代的作用。作为社会组织的主要部分，非政府组织已经与政府、企业渐成三足鼎立之势。美国约翰·霍普金斯大学教授萨拉蒙将这一现象描述为全球结社革命，对此他甚至不惜用一些激赏之词予以评价："20世纪末出现的这场革命所具有的社会和政治意义，有可能会同19世纪民族国家的崛起相媲美。"[1]

一、美国非政府组织在国内的作用

尽管随着美国社会自身的发展和变迁，美国非政府组织的社会功能也随着发生调整和变化，但具体来说，以下几项基本功能却一直是万变不离其宗的。

（1）非政府组织有利于开拓社区服务功能和体系，为满足多元化的个人利益需求提供了个性化特征较明显的服务。随着人们生活水平和生活质量的不断提高，公众对社区的依赖程度加强，他们在享受社区非政府组织带来的各种服务和便捷的同时，也对社区非政府组织的服务内容不断提出要求。在美国社区内，非政府组织似乎正朝着一种无所不包的服务体系方向在努力，涉及的服务范围十分宽广，力求使社区服务达到"老有所养、幼有所托、孤有所扶、残有所助、贫有所济、难有所帮、学有所教、需有所供"。非政府组织的长处，在于为政府难以满足的穷人和其他弱势群体的特殊需求提供服务。如针对孤寡老人的志愿者组织——"轮子上的饭菜"，该组织成员的主要任务是骑着自行车给独居老人送饭。许多非政府组织都以社会弱势群体或边缘性群体为服务对象，擅长从事小型发展项目，对社会基层事务尤为敏感。以前只有少数人关心的环境保护、妇女权利和儿童教育问题等，在非政府组织中得以发展。当公众出现新的需求时，能够很快就有非政府组织通过开发新的项目、

---

[1]　孙倩.美国的非营利组织[J].社会，2003（7）.

领域，或是成立新的非政府组织来应对和满足公众的新需求。在这种不断扩大、细化和出新的过程中，非政府组织自身在扩大服务内容，同时开拓了社区服务功能和体系，也满足了公众更多、更新的需求。

（2）非政府组织有助于缓解政府进行多项社会管理的压力，为实现"小政府、大社会"的管理模式起到了极大的促进作用。在美国，"小政府"的概念由来已久，主要由于美国的政治传统是注重个人自由，政府较少干预公众生活，在很多具体的社会事务上，政府往往采取"放手"式的宏观管理。此外，如果政府事无巨细地管理公众生活，需要付出庞大的人力、物力、财力，这种负担对于政府来说是难以承受的，尤其是政府的干预和管理还不一定能适时适宜地解决公众生活中的具体事务，效率低、成本高是政府在处理具体社会事务时遇到的最大困难。因此，政府主要是制定有利于社区建设发展的政策，制定基本规范的运作法规，采取财政支持和投入，并对非政府组织进行管理和考核，而大量的、具体的有关社区服务的内容以及项目的开展，都由众多的非政府组织去承担和组织实施。实行"小政府、大社会"的管理模式，既能克服政府直接去操办社区服务具体事务中的官僚主义、低效和服务不到位的弊端，又能通过政策的调控和奖励，来增强非政府组织的责任感和使命感，形成强烈的信誉感和竞争意识。

（3）非政府组织有利于平衡社会部门结构，在满足社会需求的同时，充分发挥监督政府和市场的作用。非政府组织的非政府性与非营利性，使其成为和政府、企业相区别的天然特质，也使其能够站在相对客观的角度去看待和对待政府及企业。

美国公众对政府持有怀疑态度始自政府成立之初，他们认为政府内部的制约和平衡还远远不够，而需要来自政治体系之外的监督。非政府组织以服务于公共利益为目标，这让美国公众相信它们能对政府进行监督，通过监督影响政府决策，满足社会需求。又由于非政府组织的非营利性，使其游离在强大的商业利益集团之外，能够相对冷静、客观地注意市场的变化。

　　具体来说，一方面，非政府组织能够弥补或纠正"市场失灵"：包括提供市场不能提供的公共物品；对于某些信息不对称的物品和服务，消费者缺乏足够的信息予以评估，若是非政府组织来提供这类服务，便可避免营利性企业利用在信息不对称中占优势而损害消费者利益。另一方面，非政府组织可以弥补"政府失灵"，政府虽然是公共物品的主要提供者，但政府是按社会大众的一般要求提供的，难以适应复杂多样的多元化需求；而民间非政府组织参与提供，则可以为需求较高的人群提供额外的公共物品，也可以为有特殊需求的人群提供特殊的公共物品。非政府组织在满足公众的特殊性要求上更能让公众满意。因此20世纪70年代以后，美国非政府组织在不少领域补充甚至部分替代了政府原先的作用。

　　市场为人们提供了有形的消费品，政府提供了某些公共物品，但市场和政府并非万能，它们不可能提供所有的公共物品。在利益多元化的现代社会，非政府组织的介入和参与满足了人们多元化的社会需求。

　　（4）非政府组织充分发挥自身优势，在社会革新、技术和制度创新方面取得了诸多成就。非政府组织为实现自己的目标而长期在专门领域运作，对其专注的领域非常熟悉，能有的放矢，有效针对领域内存在的不足和弊端做出相应、合理、及时的规划与革新。尤其是当出现新的社会问题时，非政府组织往往能非常及时地调整运行机制，提出具体的切合实际的解决办法。非政府组织在体制和运行方式上具有很大的弹性和适应性，因而更容易更新技术和设备来满足公众的需求。如"计划生育"就是由美国的非政府组织最先提出的，开始时还受到保守派猛烈攻击，但今天已为许多国家所采用。[1]

（5）非政府组织能充分提供社会就业，有利于维护社会稳定。非政府组织的蓬勃发展带动社区各类服务业的全面发展，为提供充分就业、保持社会稳定，起到了不可低估的能动作用。据统计，目前美国的教育、科学技术、医疗卫生、文化、艺术等领域为公众提供了大量的工作岗位，大约有800万人在社区从事各类服务工作，占全国就业人数的10%。此外，每年还有9000万人次的志愿者从事社区服务工作。正如美国学者彼得·德鲁克指出："美国从1972—1982年的10年间，就业人员部门增长率为22%，其中营利企业增长率为21%，非营利部门的增长率约为营利企业的近2倍，达到42%。"如今，美国的医院、学校慈善团体、文化团体等民间非政府组织成了吸收劳动力最多的部门，全国大约9000万人在非政府组织就业。[2]

非政府组织的全面发展，不仅开拓了充分就业的机会，减少了因人员失业带来的不稳定因素，而且通过提供全方位的社区服务，包括心理咨询、犯罪预防、提高教育程度和质量，以及促进社区公众的整体和谐程度等，缓解了一系列社会矛盾。

二、美国非政府组织在美国外交中的作用

一般而言，无论是美国政府还是美国非政府组织本身，都大体否认非政府组织对美国外交的直接作用，并有意凸显其非政府性、独立性和公益性特征。但根据历史的考察，并通过对近年来非政府组织海外实践的具体观察，非政府组织在美国外交中扮演着特殊的角色，发挥着重要的作用。

---

[1] 杨团.关于NGO部门[EB/OL].中国扶贫信息网：http://www.help-poverty.org.cn/helpweb2/ngo/n46.htm.

[2] 陈晓春.非营利组织初论[J].湖南大学学报（社会科学版），2000.

　　尽管美国近200万家非政府组织绝大多数都是专门针对国内社会、致力于解决国内问题的，但也有少数专门参与国际活动的非政府组织，也有一些非政府组织以解决国内问题为主，但同时也会从事国际活动。这些非政府组织在一定程度上影响着美国政府对外政策的制定，有的还在具体的外交实施过程中扮演着重要角色。据统计，美国从事国际活动的非政府组织有2078家，收入达58亿美元，开支为54亿美元，总资产有61亿美元。这些非政府组织雇用了21820名工作人员，此外，据1998年的统计，3%的美国成年人中大约有500万人成为其志愿者。这些非政府组织的活动内容包括：开展国际交流、文化交流、学生交换项目、农业和经济发展、和平与安全、人权、移民与难民问题等等[1]

　　随着全球化的进一步发展，国界带来的隔阂日益缩小，传媒的发达和交通运输的便利，为从事国际活动的非政府组织在其他国家开展活动提供了有利的条件。同时，伴随着全球化发展带来的诸多新问题，如移民问题、毒品问题等在美国外交政策中的关注度得到提升，许多非政府组织也越来越多地关注与自身利益密切相关的对外政策问题。虽然非政府组织有其独立性，在国际上的活动也具有独立性，但总体而言，此类组织在每一阶段都与大的历史背景以及美国的处境、政府的战略方向分不开，自觉或不自觉地有与美国的对外政策默契配合的一面，甚至有相互利用的一面。

　　1. 美国国际非政府组织的分类

　　依据美国从事国际活动的非政府组织的活动性质可将其分为两大类：

　　一类是服从服务于美国外交大局，在保持自身行动独立性的同时，间接地、长远地配合美国的外交政策目标。在这一类非政府组

---

[1]　Michael O'Nell. *Nonprofit Nation: A New Look at the Third America*[J]. Jossey-Bass,2002；p.170-172.

织中，福特基金会的海外活动表现非常突出。与其他基金会相比，福特基金会对海外事务的兴趣较浓，原因之一是该基金会在1950年改组振兴确定工作方向时，正值美国开始在全球确立其超级大国地位，同时又是冷战激化时期，因此其工作前期与冷战背景分不开。1951—1954年，福特基金会用于海外项目支出达5400万美元，约相当于它在同期全部支出的1/3。[1]1953年，福特基金会设立培训与研究部，其主任明确表示，培养人才的宗旨就是"在海外直接或间接推进美国的利益"。[2]半个多世纪以来，福特基金会慷慨资助，为促进别国的教育、文化、卫生、贫穷等广泛的社会问题做出了很多努力，但与此同时，在这种大量资金资助的背后，西方的民主价值观也得以广泛传播。以福特基金会在教育方面的全球资助为例，始于2001年的美国福特基金会国际奖学金项目，在全球的总投资约为3亿美元，是福特基金会资助最大的一个项目。国际奖学金项目为每位受资助者提供最多3年的研究生学习资助。受资助者选自于非洲、中东、亚洲、拉丁美洲和俄罗斯等地，通过向这些非西方价值观的地区和国家的人提供资助，使其有在国外学习的机会，接触西方民主价值观等，最终达到宣传西方民主价值观的目的。换个角度来说，把福特基金会的这种资助行为看成是一种长远的价值观的渗透也不为过。

　　另一类是在美国的对外政策中担当"冲锋陷阵"的角色，与政府互相配合，直接服务于美国的外交政策目标。索罗斯基金会就是这类非政府组织的代表。索罗斯本人的经历和信仰使其慈善事业带有较浓的意识形态倾向，其最初就是以促使东欧国家向民主"开

---

[1] 资中筠. 散财之道——美国现代公益基金会评述[M].上海：上海人民出版社，2003：135.

[2] 资中筠. 散财之道——美国现代公益基金会评述[M].上海：上海人民出版社，2003：135. 转引自Edward H.Berman,*The Ideology of Philanthropy: The In-fluence of the Carnegie，Ford，and Rockefeller Foundations on American Foreign Policy*[M]. State University of New York Press,1983：p.56-57.

放"为目标。目前，索罗斯基金会在欧亚、拉美和非洲都设有分会，活动遍及29个国家。该基金会在中欧、东欧以及苏联地区的社会转型中起了重要作用，在近年的"颜色革命"中也扮演了重要角色。"开放社会研究所"作为其执行机构，具体运作各个项目。有舆论认为，"开放社会研究所"只是招牌，援助、扶贫是门面，索罗斯的真正目的是向"不够民主"的国家输出美国的意识形态和价值观，掀起"民主浪潮"，通过国家政权的更迭为金融投机寻找机会。[1]格鲁吉亚总统谢瓦尔德纳泽在辞职后曾向媒体愤怒地表示，有一位大使告诉他，索罗斯为发动格鲁吉亚的"玫瑰革命，出资250~300万美元作为活动基金。美国国会议员保罗在众议院国际关系委员会作证时透露，在2004年的乌克兰"橙色革命"中，美国通过索罗斯基金会下属的乌克兰开放社会研究所等民间组织，向乌克兰反对派提供了6500万美元的政治基金。[2]此外，该类组织中表现较为突出的还有国际共和研究所、美国全国国际事务民主学会。

2. 美国非政府组织在政府对外政策中发挥作用的手段与方法

（1）美国的非政府组织广泛进入地区内部，积极参与政府在苏联、东欧以及中亚地区的民主扩展和推进战略。

冷战结束后，美国一些财力雄厚的基金会对这些地区的发展予以资助，其中心任务是帮助这些国家完成转型，提供建立市场经济和民主机制所需的资金、咨询和人员培训。1990年，索罗斯创建国际复兴基金会，在东欧中亚地区进行"民主渗透"。1992年，美国全国民主研究所在乌克兰与该国政党、当选官员及民权活动家进行项目合作。1993年，美国开放社会研究所通过媒体，就医疗、文化、教育、经济改革等社会生活的方方面面，在吉尔吉斯斯坦逐步

---

[1]　方华. 索罗斯基金会[J]. 国际资料信息, 2006（6）.

[2]　方华. 索罗斯基金会[J]. 国际资料信息, 2006（6）.

扩大影响。在格鲁吉亚，国际共和研究所于1998年开始了培训民主积极分子的计划。

据统计，截止到2005年8月15日，全球总共有2914家非政府组织在中亚注册，其中在哈萨克斯坦的有699家，吉尔吉斯斯坦有1010家，塔吉克斯坦有595家，土库曼斯坦有138家，乌兹别克斯坦有472家。这些组织大多有美国背景，且受到美国国际发展局（SAID）等机构的资助或直接领导，以参与政治为目的。除了影响力较大的美国全国国际事务民主学会、索罗斯基金会外，还包括"国际之声""青年人权团""和平队""丝绸之路基金会"及"中亚网络观选组织"等其他小型非政府组织。[1]

（2）美国非政府组织充分发挥媒介力量和优势，加大民主宣传的力度和广度，在一定程度上影响美国政府的对外决策。美国的众多非政府组织都设立了本组织网站，定期或不定期地在网站上发布有关信息或出版相关报告等，从不同途径来公布该组织所关注的问题，并以此引起政府的重视。如国际影响力较大的人权观察、大赦国际、自由之家等非政府组织的美国分部，每年分别都会发布《世界自由》《人权观察世界报告》以及《大赦国际年度报告》，对世界各国的人权状况予以评估。同时，一些人权组织的成员会参加美国国会的相关听证会，表达个人或是组织的立场，要求美国政府向人权状况较差的国家和地区施压或是采取行动。2000年4月12日，在国会关于给予中国永久性正常贸易地位的投票前夕，以人权组织、劳工组织为核心的反对派在美国国会的台阶上举行集会，敦促国会议员"依照良知投票，而不仅仅为利润"。当时有超过1500名工会成员参加了集会。[2]

---

[1] 李立凡, 刘锦前. 美国中亚战略棋盘上的非政府组织[J]. 国际问题研究, 2005（6）.

[2] 朱世达. 美国市民社会研究[M]. 北京: 中国社会科学出版社, 2005: 254.

美国非政府组织还渗透到大众媒体和社科研究机构，影响政权高层决策。诸如美国卡内基基金会莫斯科分部及其他驻俄基金会分部等。

而在社会较为封闭的一些国家，如亚洲的许多国家，非政府组织类似的活动难于开展，只能在外围以宣传、讨论会、发表研究报告等方式间接推广民主，并以在文化、教育、艺术方面资助或交流的方式发挥间接影响。

（3）美国基金会将政府的大量资金转手投入目标国和目标地区的非政府组织，用以支持当地的反对派力量。

美国在世界各地发动"民主攻势"往往由各类非政府组织出面到目标国进行活动，支持和资助当地的反政府势力闹事，以求实现政权更迭。2005年5月18日，美国总统布什发表讲话说，美国的非政府组织"在100多个国家的民主变革斗争前沿努力工作"，指出美国在阿富汗和伊拉克推行"民主"，进行政权更迭，几乎耗费了3000亿美元资金。以乌克兰的"橙色革命"为例，美国国务院发言人2004年12月说，美国政府没有直接资助乌克兰的政党，大部分是通过各类组织提供资助的。他承认，美国政府确实通过民主基金会向乌克兰选举捐献了资金。而民主基金会的人表示。仅2003年和2004年，美国就花费6500万美元资助乌克兰的反对派。当时，乌克兰"橙色"派别的竞选账户源源不断地收到来自美国的大笔资金，其中包括欧亚基金会135万美元、福特基金会150万美元、自由论坛95万美元。

（4）美国非政府组织大力开展人员培训工作。一是邀请各类人员出国访问，培养亲西方的社会精英。在许多独联体国家，从官员、学者、律师、记者到其他专业人员都可能得到美国基金会提供的免费培训，青年学生也会得到奖学金去美国留学。据统计，从

1993年到2005年，已有9万多独联体各国官员、学生得到资助去美国访问，其中许多人被培养成为从事"颜色革命"的骨干。[1]二是在当地开展人员培训，并积极发展当地的非政府组织。在此类培训计划中，一般包括政党结构和组织、联盟组建、竞选和选举技巧、党员招募及选民教育、党内的青年及妇女辅助组织发展、通讯及筹款等内容。美国全国民主研究所从1992年以后为乌克兰改革派进行了13年的政党培训。美国国际共和研究所从1998年开始帮助培训格鲁吉亚的政党，训练了数千名政党活动分子。国际共和研究所在2003年格鲁吉亚大选来临之前，组织了针对该国青年选民声势浩大的"出门投票"运动，鼓动了大量青年选民去为他们所支持的政党投票。三是在目标国建立和培养非政府组织，使其成为美国非政府组织进行"民主渗透"的重要工具和伙伴。在格鲁吉亚，美国全国民主研究所组建了"公平选举与民主国际协会"，监督选举，推动民主发展，促使政府支持扩大非政府组织的发展。美国国际共和研究所则在乌克兰开展了一个全面的非政府组织发展项目，帮助它们进行组织发展培训。在当地一些学校设立传播西方价值观的课程，并为其提供大量资金。

3. "变革外交"与美国非政府组织

2006年1月，美国国务卿赖斯正式推出"变革外交"，旨在改造非西式的国家制度和意识形态，在全球推进美国式价值观及民主。在"变革外交"的具体实施手段上，美国对从事国际活动的非政府组织的支持公开化，明确提出要利用非政府组织在他国发挥作用。

美国"变革外交"是在总结东欧剧变和近年发生的一系列"颜色革命"的基础上提出来的。随着近年来小布什政府"全球民主

---

[1] 王正泉. 美国策动"颜色革命"非政府组织充当先锋[EB/OL]. 千龙网，http://www.inter.qianlong.com/4319/2006/06/19/183@3247499.htm.

化"战略的推行，美国的非政府组织成为进行对外援助与推广民主的工具。这些组织通过提供资金资助、培训目标国人员以及设立该组织分部等手段，在目标国或地区推进西方民主、人权等意识形态，搞分化西化，以最终达到促进目标国和地区政治变化的目的。依靠非政府组织扩展民主的方式比起赤裸裸的军事打击来，虽然过程更为漫长，但却更加隐蔽、影响更为深远。仅在一年半的时间内，"玫瑰革命""橙色革命""郁金香革命""紫色革命"和"雪松革命"等"颜色革命"相继发生。2005年5月18日，布什总统在美国国际共和研究所举办的年度"自由奖"颁奖仪式时举例说，为了在阿富汗和伊拉克推进民主，美国几乎耗费了3000亿美元；相反，在策划上述几个国家的颜色革命中，美国仅花费了46亿美元。[1]受美国国会资助的国际共和研究所负责人在吉尔吉斯斯坦政变后承认："要不是美国在吉尔吉斯斯坦所做的一切，阿卡耶夫应该仍在执政。"[2]

在"变革外交"的指导下，美国从事国际活动的非政府组织必将出现新的发展阶段。这些非政府组织在他国和其他地区扩展民主的做法已经得到了美国政府正式、公开的肯定和支持。这将有助于非政府组织扩大自己的活动，并能够从政府获得更多的资金资助，此外，"变革外交"对美国的外交官提出更多的要求，要求他们更进一步地贴近"驻在国"的民众，宣传美国的民主自由价值观，同时，还要求他们提高参与非政府组织建设的能力。"驻在国"外交官对美国非政府组织的"人力"帮助，也将使非政府组织的发展"如虎添翼"。

---

[1] *President Attends International Republic Institute Dinner*[EB/OL]. http：//www.whitehouse.gov/news/releases/2005/05/20050518-2.html

[2] 余跃. 国际非政府组织有关问题的思考[J]. 当代法学论坛，2006（2）.

第四节 美国各级政府与非政府组织的
关系及对后者的管理

一、美国政府与非政府组织的关系类型

美国政府与非政府组织的关系复杂且多面，决定政府与非政府组织关系的原因很多，如非政府组织自身的类型、关注和服务的领域、政府和非政府组织各自的目标和实现手段的异同以及政府在非政府组织中卷入的程度等。从理论上讲，大致可以将两者的关系归为三种，分别是替代、补充（又可称为合作）和对立。

具体来说，政府和非政府组织之间的替代关系是指非政府组织能够为不同领域内多种多样的公共产品供应提供解决办法，因此非政府组织可以进入政府职能管辖不到的领域。在这种关系中，非政府组织运作的独立性使两者之间不愿意进行合作。互补关系是指非政府组织站在解决和处理各种社会问题的第一线，但由于长时间致力于解决和处理社会问题，因而面临资源不足的情况，需要政府予以资金支持。在政府与非政府组织两者相互补充的关系中，政府可以通过将非核心功能外包给非政府组织而使得其在社会服务方面的效率更高。这种外包给政府部门带来了许多益处，如避免启动资金、对成本的决定因素的估计更准确等。当然，这种外包也给政府带来了不利的方面，如难以维持平等的标准，丧失对某些公共部门的控制等。利弊共存的情况，使得政府和非政府组织都有开展合作的愿望。对立关系指的是，在需求完全不同的情况下，少数人的观点并不能被很好地反映到公共政策中，他们就会选择以自发组织的

形式来反对反映多数主义者的政府，这种代表少数人利益的非政府组织对抗政府时，政府就会努力去保护大多数人的利益，这就导致了潜在的冲突。

然而，在某种程度上，政府与非政府之间替代、补充和对立的三种关系有时是同时存在的，只不过其中的一种关系比其他两种关系表现得相对突出和明显，或者是同一个非政府组织在不同阶段会分别遇到。如美国的一些强调民权的非政府组织和州政府在20世纪五六十年代呈现敌对状态，但其后不久，两者就在福利供应和教育政策方面变成相互补充的角色。[1]

二、美国政府和非政府组织的关系更多强调合作面

在当今美国，政府与非政府组织之间更多的是补充与合作关系。进入20世纪，尤其是二战以后，美国政府对非政府组织的支持力度加大。美国非政府组织在近几十年来的迅猛发展得到了政府的有力支持。这从多位总统的言行中可窥见一斑。

20世纪30年代以来，几乎每一任总统都在鼓励志愿组织和志愿者活动方面做出了自己的贡献。1933—1942年，罗斯福总统建立了"国民保障合作组织"，动员数百万美国人救助失业家庭、修建高速公路、重振美国经济。1961年，肯尼迪总统在就职演说中要求青年"不要问国家能为你做什么，而要问你能为国家做什么"，号召美国人民投身公共服务。1964年，约翰逊总统建立志愿者服务组织，给成千上万美国人提供了为低收入社区成员服务的机会。1989—1990年，老布什总统在白宫建立了"国家服务办公室""阳光基金"，以支持志愿者服务行动。1993年，克林顿总统签署了"授权社区计划和社区项目法"，实施"国家社区服务计划"，鼓

---

[1] Helmut K. Anheier,Lynn. *Non-profit organizations: theory,management,policy*[M]. Routledge,2005：p.282.

励各年龄段的美国人积极参与社区志愿服务。[1]2001年，小布什总统指示总检察长和教育卫生劳工等部长建立相关机构为社区项目服务，白宫自身也设立了专门办公室（The White House Office of Faith-Based and Community Initiatives）。[2]国家领导人和政府的重视与倡导，为非政府组织和志愿者活动的发展，营造了一个非常好的社会环境和法制环境。

美国前总统克林顿曾在一次接受采访中指出，非政府组织并非反对政府，而是一种新型治理模式中的一部分，在这个模式中，各种政府与非政府组织共同解决一些公共问题。在许多情况下，非政府组织和政府机构的共同努力能够为一个国家或地区的问题提供最好的解决方案。政府机构更适合处理宏观经济决策，比如修建和维护公路等基础设施；非政府组织能够为基层社区提供有价值的帮助，而大规模的政府机构就缺乏这种能力。[3]

三、美国各级政府对非政府组织的管理

美国对非政府组织的管理较为松散。仅从专门针对非政府组织的法律和机构来看，管理似乎并没有耗费太多的人力、物力和财力。但是，除政府管理之外的政府、社会和非政府组织同业组织的监督，却给非政府组织的活动带上了许多"紧箍咒"。

1. 美国政府以税收作为管理非政府组织的主要手段，通过某些税收的减免和税收激励的办法，直接或间接地支持非政府组织的发展

（1）提供有利的法律和规制框架。美国有关非政府组织的法律和政府机构并不多。联邦税收法是美国管理非政府组织的主要工

---

[1] 侯玉兰.非营利组织：美国社区建设的主力军[J].北京行政学院学报，2001（5）.

[2] 朱世达.美国市民社会研究[M].北京：中国社会科学出版社，2005：230.

[3] Adam Heyd. 非政府组织（NGOs）与全球社会[EB/OL]. 王新松，译. 中国选举与治理网，http：//chinaelections.com/NewsInfo.asp？NewsID=1385.

具。美国国内税务局是联邦政府负责监管和规制非政府部门的主要机构。国内税务局的主要职责是依法收税。美国501（c）条款列出20多种不同类型的组织可以享受免税。根据这一条款，支持教育、卫生、消除贫困、宗教、科学发展、促进社会福利或其他有利于社区发展的慈善组织可以享受免税。而公益组织不仅可以享受所得税减免，还可以享受税收减免。在州的层次上，州大法官和州法院负责处理非政府组织的纠纷和其他事宜，其管理围绕两个目的：保证从公众手中筹集的资金能够用于公益目的；提供准确可靠的财政和项目信息。到目前为止，很少有州政府对非政府组织提供指导性政策。[1]

（2）通过税收激励办法，鼓励公民个人向非政府组织捐款。美国对非政府组织的税收优惠政策反映在两个方面：

第一个方面，对非政府组织自身的税收优惠政策。

从联邦一级来看，非政府组织自身享有的税收优惠，可分为所得税、财产税、失业税等不同税种。凡经由美国国内税务局查实并赋予免税资格的美国非政府组织，均可得到对上述三种税收的全额免除。其中所得税免税是指具有免税资格的非政府组织，在经营与其非营利目标相关的事业中的获利，可以免除税收。财产税免税是指这类机构所拥有的土地、房产等机构资产，可以免除土地税和房产税。失业税免税是指这类机构无须交纳其他机构的雇主必须按人头向政府缴纳的失业保障税。

从州及地方一级看，美国各州对非政府组织除免征所得税外，还自设了一些优惠税种。例如加利福尼亚州税法规定，对于获得免税资格的非政府组织，还可免除消费税。另外，为鼓励人们购买加州政府帮助非政府组织筹集建设资金的特种债券，州政府规定，凡

---

[1]　丁元竹.美国社会管理体制的特点和对中国的启示[N].中国经济时报，2005-12-09.

购买此种债券的利息所得可以免税。

第二个方面，对向非政府组织捐款的个人、公司或其他组织的税收优惠政策。

美国政府通过允许捐款者在交纳所得税时从应纳税所得额中扣除捐款的部分，以及对捐款免征财产税和遗产税等措施，来鼓励社会各界向非政府组织捐款。

在所得税扣除方面，美国规定：① 应缴税所得额扣减政策只对已经取得免税资格的符合美国税法501（c）3条款的慈善机构有效。就是说，如果捐款人不是捐给该条款所列出的机构，以及这个机构尚未获得美国税务部门批准的免税资格，就不能得到应缴税所得额扣减的优惠。② 捐款者不同，扣除范围也不同。联邦税法严格区分个人和公司，对于公司法人捐款一般允许扣除的限额不超过其总收入的10%，而对于个人捐款允许多扣除一些，在总收入的50%左右。几乎所有的非政府组织都免收国家和地方的财产税、营业税。同时，对于向非政府组织捐助的公司，如其捐助款不超过总收入的3%，亦免除各项税收。

在财产税和遗产税免税方面，捐款者必须是个人。美国财产税和遗产税的税率是很高的，而且采用累进税制，这就促使个人努力通过捐赠财产或遗产回避高额缴税。捐款的方式除了成立私人基金会设立或加入专项基金之外，还有订立慈善信托契约形式。凡捐赠给慈善组织的这部分财产或遗产，是免于征税的。另外，个人还可以用捐赠股等形式回避投资收入税。[1]

（3）通过提供政府赠款和合同，向非政府组织提供直接财务支持。20世纪60年代以前，绝大多数非政府组织依赖服务收费、社会

---

[1] 美国对非政府组织的税收政策[EB/OL]. 广东省国家税务局网站，http://portal.gd-n-tax.gov.cn/web/vfs/gd/content/ContenfTemplate.jsp? CategoryId=488&ContentId=19235&siteName=gd&styleName=blue.

捐赠等，政府提供的资金占非政府组织总收入的比重相对较小，并且政府没有提供特定单项服务的功能。但是，美国政府对非政府组织中的服务类组织的支持在过去的20年中获得迅猛发展。联邦政府在社会服务方面的花费，50％以上投向非政府组织。非政府组织与政府签订合同，提供可得到公共基金支持的服务种类，包括日托、抚养、对儿童的保护性服务，以及针对精神病患者、日益丧失生活能力者的社区服务项目。其他如庇护、咨询、就业培训、保护受虐待妇女及受歧视儿童等服务项目，都是在政府与非政府组织之间的合作下进行的。公共部门已经成为美国非政府组织收入的第二大来源。据统计，公共部门在1995年提供了30.5％的非政府组织的花费，这提高了1960年以来政府部门和非政府组织在社会领域内全方位的合作程度，政府在社会福利方面的开支逐步扩大。[1]

2. 美国对非政府组织的监督管理

（1）政府监督管理。美国政府对非政府组织的监督管理主要体现在对非营利性性质的审查及对其财务活动的监督上，主要目的是防止以欺诈行为骗取免税资格或公众捐赠。联邦税务机关和州检察长有权对非政府组织提起诉讼，由法院予以裁决。

对非政府组织的监督管理首先是税务机关的职责，申请具有免税资格的非政府组织，需要接受税务机关的严格审查。免税审批部门每年还会对其财务状况进行抽查，如经查实有营利行为，其免税资格就会被取消。具有免税资格的非政府组织需要每年向联邦税务机关报送该组织的年度报告，内容主要是财务状况和经营活动。政府机关的管理人员经常到非政府组织检查，并对非政府组织的有关报告进行审查。

[1] [美]莱斯特·M.萨拉蒙. 全球公民社会——非营利部门视界[M]. 贾西津，魏玉，等译. 北京：社会科学文献出版社，2002：298.

美国有33个州由司法部门负责对非政府组织的财产进行监督管理，它们拥有仲裁权、处罚权和起诉权，以确保非政府组织行为规范。此外，美国政府还委托国家慈善信息局、人类慈善咨询服务组织和宗教财务委员会等机构，制定相应的管理标准，评估非政府组织的运作情况，对非政府组织进行监督管理。[1]

各州检察长负责对非政府组织的财务状况进行监督，并对其违法行为提起诉讼。各级政府提供公共服务项目招标的部门也会对承担项目的非政府组织进行监督，防止非营利组织通过政府资助项目牟取私利。

（2）非政府组织行业内部自发联合，实行对非政府组织的监督管理。非政府组织行业内部也自发地联合，组成各种全国性机构，例如"美国基金会理事会"和"国家基金募集协会"，交流情况，公开信息，增进组织的透明度，提高组织的服务能力。也有一些机构，例如美国"全国慈善信息局"和"慈善导航"，专门对非政府组织特别是具有免税资格的组织进行评估，并免费向社会公众公布评估结果，帮助公众比较非政府组织的诚信度和工作绩效。[2]

美国还有众多的非政府组织的同业组织，此类组织既帮助非政府组织维护合法权益，为非政府组织服务，同时又帮助政府监督管理非政府组织，促进非政府组织的自律。可以说，这在一定程度上弥补了政府管理力量的不足，在政府与非政府组织之间起到了桥梁的作用。美国华盛顿非政府研究与咨询机构就是一个比较典型的非政府组织的同业组织。它采取会员制，至今有700多个非政府组织成为该组织的成员。该组织热心帮助非政府组织与政府加强合作，向

---

[1] 李勇. 美国、澳大利亚非营利组织管理工作考察报告[EB/OL]. 中国民间组织网，http://www.chinanpo. gov.cn/web/showBulltetin.do? type=pre&id=21754&dictionid=1632&catid=

[2] 杨岳、许昀. 自律、竞争与监管——美、加非政府组织管理制度考察[EB/OL]. 中国民间组织网，http:// www.chinanpo.gov.cn/web/showBulltetin.do? type=pre&id=21754&dictionid=1632&catid=.

政府反映非政府组织的愿望和建议，开展信息交流和社会调查，研究非政府组织的发展趋势，促进非政府组织的行为规范。每个月，按国家慈善信息局制定的行业标准，在专门刊物上公布会员的评估结果，让社会知晓和监督。

（3）社会监督管理。在美国，非政府组织必须通过一定形式将其免税申请表、有关证明文件、免税资格证明及最近三年的申报表等资料和信息向社会公开和披露，接受社会公众的监督。任何人均可通过信函、传真、互联网、电子邮件、实地调查等方式索取所需信息和材料，了解和监督非政府组织的财务状况、内部结构及运行情况。非政府组织有义务满足社会公众的监督需求，如不接受公众监督、拒绝提供资料、不协助调查等都将被处以严厉罚款。[1]捐赠者出于掌握资金赠予权利有权对非政府组织进行监督，如果需要，他们可以要求查看捐赠资金使用情况以及受赠组织的财务情况，从而监督受赠组织是否按照捐赠要求使用捐款。同时，美国政府也向社会公开非政府组织的有关资料档案，尤其公开公益性非政府组织的财务税收状况。此外，新闻媒体的舆论监督对非政府组织的作用很大，效果很好。由于媒体是公众获取信息的主要渠道，普及范围广、影响大，使其成为一种重要而有效的监督形式，具有导向和威慑作用，所以能够对非营利组织的管理者形成强有力的约束。

第五节　美国非政府组织面临的挑战与未来的发展趋势

一、美国非政府组织面临的挑战

（1）来自政府各种形式的捐赠、补贴在非政府组织的总收入中

---

[1]　杨龙军.美国非营利组织的税收制度及借鉴[J].涉外税务，2004（11）.

占有相当大的比重，因此，政府的财政状况以及对非政府组织拨款的意愿都将或多或少地影响到非政府组织的经费、行为方式及其活动能力等，同时也导致非政府组织活动的独立性受到某种程度的制约。

美国非政府组织的经费收入主要包括三个部分，分别是服务收费、政府捐赠以及来自社会的慈善捐赠。其中，以服务收费为主，而政府捐赠的比例在1995年时也高达30.5%，社会慈善捐赠比例则只占12.9%。公共部门作为美国非政府组织收入的第二大来源，可见两者在社会领域内全方位的合作程度较高，非政府组织对来自公共部门的经费也就具有一定的依赖性。但是，政府的拨款、捐赠以及合同购买等行为有一个缺陷，即不确定性。当美国发生战争和自然灾害等重大事件时，需要大量额外拨款的时候，政府自然会减少对非政府组织财政资助的总数量。而非政府组织为了自身的可持续发展，在保证基本资金的同时往往还需要获得更多的资金来源。在这种情况下，非政府组织的活动以及发展等自然会受到经费不足的制约。

同时，公共部门在非政府组织总收入中占到了近1/3的比重，严重影响了非政府组织行为活动的独立性。美国政府采用合同购买的形式向非政府组织购买服务，简单地说，就是"我掏钱，你办事"。当然，钱用在哪些地方，如何使用，政府在和非政府组织签订合同时都会开出自己的条件。如果非政府组织不满意政府开出的条件或是不按照这些条件去做，在非政府组织彼此竞争激烈的美国，政府自然会有很大的余地去选择其他同类非政府组织签订合同，购买服务。

在与诸多美国思想库的学者交流时，他们都私下透露，有时候思想库出版的报告并非做到了真正的客观中立，而或多或少是应提供报告项目经费的公共部门的要求所写。如美国著名思想库——国际问题与战略研究所（CSIS）就承担了部分美国中央情报局（CIA）和其他政府机构提供有关防扩散等领域的研究课题，国防分析所（IDA）则仅仅是为政府合同工作。[1]

（2）在非政府组织活跃的传统领域，出现营利性组织的身影，两者在某些项目上的竞争逐渐加剧。卫生保健和教育是美国非政府组织活动的两大传统领域。在20世纪中叶，非政府组织组建的医院大大超过了营利组织办的医院。由于这些非政府组织性质的医院逐渐依赖私有市场提供的资金，其中许多家医院在20世纪80年代和20世纪90年代中期转变成为营利组织的身份。营利性医院逐步扩张，从1975—2003年，社区医院里营利性的床位由7.8%提高至14%。20世纪80年代以前，著名的"蓝十字"，以及一些早期的健康维护组织都是非政府组织，但是在20世纪80年代，该领域出现了营利性的健康维护组织，并且逐渐成为强有力的竞争者。在巨大的竞争压力下，一些非政府、非营利性质的健康维护组织开始转变自身身份，成为营利性组织。1994年，"蓝十字"第一次允许营利性的健康维护组织成为其成员，2002年，"蓝十字"在加利福尼亚、纽约等十多个州的分部转变成营利性组织的身份，其中一些后来融入了美国最大的医疗保险公司维尔彭特（Wellpoint）。[2]

在教育领域，非政府组织和营利性组织的竞争趋势也在明显加大。在美国七大营利性的教育公司提供的教育项目中，大约有75万名学生和成千上万的全职或兼职的教员注册和受雇用于其中。这些较高级的教育公司通过提供在价格上具有竞争力的学位，在商业管理、教育、卫生保健、科技和人力资源等领域向学生提供工作职位

---

[1]　Mark Fitzpatrick. *Activists and Analysts*：*The Role of NGOs*[J]. Foreign Service Journal,July-August 2007：p.44.

[2]　Gerard Alexander. *The Nonprofit Industrial Complex*[J]. The Weekly Standard,April 23，2007：p.24.

等方法，直接与社区学院和比较好的学校展开竞争。

营利性组织在非政府组织的传统领域开出自己的"领地"，究其原因，主要是因为非政府组织的自身管理比较弱，在资源利用与分配方面不如营利性组织有效率，志愿者凭着自己的热情来到非政府组织，忽视了组织的自身管理和高效运行，有些非政府组织运作效率低下，甚至都不能完成组织的目标。这都给营利性组织提供了"可乘之机"。

（3）非政府组织的公信力受到民众质疑。由于近年来出现了许多非政府组织的腐败丑闻，导致民众对其公信力产生怀疑。从某种意义上讲，非营利组织是凭借着公众对其信任而逐步发展，更大范围地获取政治、法律空间以及公众的信心与信任，以确保实现其组织的公益使命。尽管非政府组织在美国发展较为成熟，美国政府、社会、行业等对非政府组织的监督与管理手段也在进一步丰富和加强，民众认为非政府组织"在使用公众捐款方面，慈善机构是诚实可靠、有责任心的"。但是，非政府组织近年来发生的一些重大的腐败丑闻，严重影响了非政府组织公正、廉洁的形象。1995年，美国最大的公募组织"联合道路"（The United Way of America）出现管理者丑闻，其时任管理者因诈骗了该组织120万美元而沦为阶下囚，他高达40多万美元的年薪以及奢侈的消费也随之曝光。丑闻的发生使得"联合道路"的威信和收入急剧下跌，100多名员工遭到解雇。这件事情在美国引起了很大的风波，给民众带来了较大的心理影响，人们对非政府组织的信任度下降。而美国退休者协会（American Association of Retired Persons，AARP）将更多的收入花费在管理人员的工资和管理费用上，该组织是年预算达3亿多美元的大组织，其总部设在华盛顿，有10层楼高。1990年，该组织仅在家具上就耗费2900万美元，而当年它援助生活贫困老人的开支只有

1400万美元。2006年初，美国发生轰动一时的阿布拉莫夫"游说丑闻"，美国参议院曾公布报告说，有5个非政府组织涉嫌为阿布拉莫夫的顾客洗钱和替他们向政府官员施加影响，还为他们联络布什政府的高级官员及国会议员，并在报纸上替他们鼓吹。

非营利组织的诚信危机给社会造成了不可预料的损失，也严重影响公众对非营利组织的信任。随着民众对某些非政府组织的信任的日益减退，这些组织最终将步入没落甚至无法生存。

二、美国非政府组织未来的发展趋势

1. 美国非政府组织的数量将进一步扩大

随着美国"婴儿潮"出生的一代人进入人生晚年，以及年轻的美国夫妇都要走出家门工作而无人看守独自在家的儿童等诸多社会问题的出现，美国社会对非政府组织的需求还将进一步加大。

具体地说，美国社会正在和即将发生如下五大转变：一是老年人口逐渐增多。从1960—2000年，美国的老年人口增长了一倍，根据预测，到2025年，美国的老年人口将是1960年的4倍。二是参加工作的妇女，尤其是已婚妇女的比例大大增加，从1960年的少于20％增加到1998年的64％，而且这一比例还在提高。三是美国的离婚率从20世纪60年代的25％上升到20世纪80年代的50％，而离婚牵涉到孩子的人数由1960年的50万人激增到20世纪八九十年代的每年100多万名孩子。四是未婚生下的孩子从1960年的大约22.5万到20世纪90年代中期上升为每年125万多人。五是美国的难民人数增加，1966—1980年间的难民数为71.8万人，而在随后的15年里，这一数字达到了160万人。[1]除了以上这五大社会变化外，美国移民的增加，导致非白种人的增多和传统白种人的相对减少，也成为美国社会不可忽视的一大变化。

---

[1]　Lester M.Salamon. *The Resilient Sector*[M]. Brookings Institution Press，2003：p.36.

这些变化导致了对非政府组织长期以来提供的传统民间服务的需求扩大，如照顾小孩、针对老年人的家庭保健和护士照顾、家庭咨询服务等等。除此之外，美国社会出现的新变化也必然导致一批新的非政府组织以及一些新的服务领域和项目的出现。这为非政府组织的继续扩大和繁荣提供了强大的社会基础。

2.美国非政府组织逐步加大市场活动

为了扩大和增强经费来源渠道，很多的美国非政府组织逐步加大了市场活动。

许多非政府组织意识到依靠政府拨款并不一定十分可靠，并且政府拨款多少会限制非政府组织的活动，因此更多地需要自筹经费。为了保证能有充足的经费开展活动、提高影响力，非政府组织的市场活动在逐渐增多。最主要的表现是销售产品和展开服务的首要对象是商业市场，例如，在一些纪念堂增设礼品小商店向游客出售商品，在研究性机构（或大学）和商业公司之间签署专利使用权的转让协定，而医院为建设停车场进行投资。只要这些非政府组织不将此类商业活动作为该组织的首要目标，美国政府的现行法律是允许的。非政府组织的商业活动领域日益开拓，变得复杂和多样化。

与此同时，非政府组织与工商界建立起了密切的合作关系。工商界不再简单的是非政府组织慈善援助的来源，而是在广泛意义上成为一个合作伙伴，企业将自己的商品与非政府组织的名义相挂钩，能对商家产生很大的利益。而非政府组织也从中获利颇丰。

然而，值得注意的是，这会在某种程度上将非政府组织带入一个两难境地，即如何在加大市场活动的同时保证其非营利性的特征。

3.美国非政府组织自身将进行更完善的管理

非政府组织数量的增加、规模的扩大以及收入总数的增加，将促使非政府组织自身进行更为完善的管理。

这些完善的管理体现在：一是管理专业人才将逐步增多，二是管理制度将进一步优化，更多的企业管理模式、方法和制度等将被引进非政府组织的管理之中。

直到20世纪70年代末，非政府组织还没有充分认识到管理的重要性。大部分非政府组织都以为凭借良好愿望和心底无私就可以办好事情，它们没有意识到必须对运作过程及其结果负责。然而，缺乏管理带来了一系列非政府组织的志愿者们意料之外的问题：组织运转效率的低下，对资源利用不高并容易产生浪费，以及威胁到组织声誉的腐败丑闻等。在经历了这些之后，非政府组织逐渐认识到了管理对于优化、持续发展自身的重要性和必要性。近20年来，许多非营利组织实现了职业化管理。美国红十字会在1950年以前，其总裁分文不取，到里根时代才聘用了第一位职业总裁。20世纪70年代，虽然非政府组织中大部分工作者仍是志愿者，但管理层已经职业化和市场化了，刚参加工作的工商管理硕士就可以拿到2万美元以上的年薪。不过一般来说，职业人员在非政府组织中所占的比例相当有限。美国女童子军有13万名志愿者，为350万名少女服务，只有6000人领薪水。[1]

---

[1]　张远凤. 德鲁克论非营利组织管理[EB/OL]. 中国民间组织网，http://www.chinanpo.gov.cn/web/showBulltetin.do？id=23943&dictionid=1632.

第五章 非政府组织基本理论
及其在发达国家的实践

非政府组织作为一种具有普遍性的政治、经济和社会现象,可谓源远流长,但它发展、壮大成为政府力量与市场力量之外、几乎能与政府力量及市场力量相提并论、不可或缺的"第三部门",或间接,或直接参与日益复杂的社会管理和"全球治理",却是第二次世界大战结束以来的全新现象。不仅如此,二战后,尤其是冷战结束以来,在全球范围内,无论是在发达国家还是在发展中国家、抑或是在所谓"转型国家",对非政府组织重要性的关注都与日俱增,对有关非政府组织产生与发展的原因、属性、作用、活动规则及其与政府力量和市场力量的关系等相关理论问题的研究也方兴未艾,不少研究愈益深入。当然,也有不少新问题等待人们进行更深入、更全面的探索和研究,其中,中国非政府组织的发展现状、前景及其特点尤其令国内外广泛关注。

第一节 非政府组织的基本概念

关于非政府组织(Non-governmental Organizations)的概念,国际上有不同提法,如:有的称之为"非营利组织"(Non-profit Organizations),也有的称之为"公民社会组织"(Civil

Society Organizations），还有的称之为"志愿组织"（Voluntary Organizations）、"慈善组织"（Charitable Organizations）、"免税组织"（Tax-exempt Organizations）、"公益组织"（Philanthropic Organizations）、"社区组织"（Community-based Organizations）、"草根组织"（Grassroots Organizations），或者称之为"第三部门"（The ird Sector）、"非营利部门"（Non-profit Sector）、"非政府部门"（Non-governmental Sector）、"独立部门"（Independent Sector）、社会经济组织（Economic Social Organizations）等等，总计不下20种。而在中国，有不少学者则愿意称之为"民间组织""非营利组织""社团"，或称之为"第三者"。如王名等学者称之为"民间组织""非营利组织"，盛红兵等学者称之为"第三者"。[1]中国国家民间组织管理局在其主办的网站上称之为"社会组织"，[2]这一提法反映了中国对非政府组织的认识、研究、评价正随着时代与历史的变化，也处在不断调整、不断深化、不断地"与时俱进"过程中。

对非政府组织概念的不同提法说明了其功能及形式的多元性、边界的模糊性、复杂性，以及人们认识、理解非政府组织的困难程度，也反映了国际社会对非政府组织的认知、理解和评价存在很大差异。

何为非政府组织？如何准确、完整地定义它？这不仅是理论上、也是具体的政策实践中一个难以给出统一答案的问题。1950年，联合国经社理事会第288（X）号决议中为非政府组织下的定义是："任何不是根据政府间协议建立起来的国际组织均应被视为非政府组织。"其重点是强调非政府组织的"非政府性"。1996年联

---

[1] 王名，刘培峰，等.民间组织通论[M].北京：时事出版社，2004.王名.非营利组织管理概论[M].北京：中国人民大学出版社，2002.盛红兵，贺兵.当代国际关系中的"第三者"[M].北京：时事出版社，2004.

[2] http：//www.chinanpo.gov.cn/web/index.do,2009-02-26.

合国经社理事会的1996/31号决议扩大了非政府组织概念的内涵，把国际、国内、社区组织均列为非政府组织。[1]亚洲开发银行对非政府组织的定义基于对其两大基本属性的认定，即：（1）不是基于政府体系的组织；（2）不是以营利为目的的组织。按照亚洲开发银行的定义，如能满足这两大条件，就是"广义的民间组织"，亦即是非政府组织。[2]在中国，有学者对非政府组织下的定义是："不以营利为目的的、主要开展公益性或互益性活动、独立于党政体系之外的正式的社会组织。这些组织具有不同程度的自治性与志愿公益性，不是宗教、政党、宗族组织。"[3]

综上所述，非政府组织可定义为：非官方的、不以营利为目的的、服务于社会公益事业的、合法的公民志愿组织。简言之，构成非政府组织必须有五个要件：一是非政府性，二是非营利性，三是公益性，四是合法性，五是志愿性。此外，非政治性、非宗教性、非宗族性，也是理解非政府组织，尤其是理解非政府组织合法性的重要条件。

第二节　非政府组织的类别

非政府组织的类别多种多样，同样是一个复杂的问题。人们通常依据不同的标准和方法对其进行分类。如果依照其法律地位分类，可以将非政府组织划分为法定非政府组织、草根非政府组织和准非政府组织。法定非政府组织的基本特征是：得到政府认可、具有较严格的组织性和明确的法律地位。草根非政府组织是指那些未

---

[1] 李铁城.世纪之交的联合国[M].北京：人民出版社，2002：380.

[2] 王名，刘培峰，等.民间组织通论[M].北京：时事出版社，2004：7.

[3] 王名，刘培峰，等.民间组织通论[M].北京：时事出版社，2004：4.

得到现行法规正式认可、因而未获得法律地位，但在主要特征方面
具备非政府组织的基本属性，即非政府性、非营利性组织。这些草
根非政府组织大多由民间自发建立，因各种原因未能按现行法规依
法登记，但大量存在于社会基层，并在各自领域发挥其作用。准非
政府组织主要指那些处于转型期的各种边缘性社会组织，如转型中
的事业单位、组织界限一时尚未理清的业主委员会、各类新出现的
网上社团、车友会等等。这类组织大都不同程度地具有非政府性、
非营利性特征，形态、功能、目标多种多样，大多处于变动过程
中，因而也可称之为"未定型组织"。

　　此外，人们也依据非政府组织各自的组织性质和机制、活动领
域、活动范围等对其进行分类。如按其组织的性质分类，非政府组
织可分为互益型组织和公益型组织，这也是国际上对非政府组织较
为普遍的分类标准。对非政府组织进行这种分类涉及不同的税收优
惠政策等。公益型组织包括非营利学校、非营利医院、研究所、文
化场馆、免费开放公园、福利机构等，其宗旨是提供公共服务，其
受益对象主要是社会上不特定的多数公民，甚至是全体公民，因而
享受较高的税收优惠政策，甚至免税和享受一定的补贴。互益型组
织包括学会、同学会、同乡会、联谊会、互助合作组织、各种兴趣
爱好团体，如钓鱼协会、足球协会、车友会等等，其服务、受益对
象主要是组织内相对固定的成员，因而只享受有限的税收优惠。

　　按其体制分类，可将非政府组织划分为会员制组织和非会员制
组织，这是美国比较流行的划分方法，也是国际上比较普遍的划分
方法。[1]这种划分表明了非政府组织的基本建制。一般来说，会员制
组织是人们维护共同利益或追求共同兴趣的组织，因而大多数是互
益型组织，如行业协会、专业协会、工会、互助合作组织、联谊会

---

[1]　王名.非营利组织管理概论[M].北京：中国人民大学出版社，2002：8.

等。非会员制组织主要包括基金会和一些实体性服务机构，基本上属于互益型组织。

按活动领域分类，即结合活动领域、活动范围、活动方式、活动对象或受益者等因素进行分类。此分类方法最先由美国约翰·霍普金斯大学研究非政府组织的学者萨拉蒙教授倡导，他按活动领域等因素把非政府组织分为12大类和26小类，并得到国际上的普遍认同。[1]这12大类分别为文化娱乐、教育研究、卫生保健、社会服务、环境、发展和住宅、法律政治、慈善中介和志愿促进、国际、宗教、商业和职业协会、其他组织等。

除上述分类方法外，对非政府组织还有一些其他分类方法，如：按其规模分类，可将非政府组织分为大型、中型、小型三类；按活动范围可分为社区组织、地方性组织、全国性组织、国际性组织等；按活动领域划分，可将非政府组织划分为专门性组织和综合性组织；按民间性程度可分为自上而下的官办型、自下而上的民办型、半官半民的合作型和外部输入型四大类；按活动导向可分为以慈善为导向的扶贫减灾等组织，以服务为导向的卫生、教育等服务组织，以参与为导向的地方自治组织，以能力建设为导向的扶助弱势群体的组织等等。

第三节　非政府组织的属性

属性通常是指反映事务本质特征的规定性。非政府组织最根本的属性有二：一是非政府性；二是非营利性。此外，非政府组织还包括自治性、志愿性、组织性、公益性等属性。一些国家在给非政

---

[1]　王名，刘培峰，等.民间组织通论[M].北京：时事出版社，2004：18.

府组织定义时，实际上还强调其合法性，因而合法性也应被认为是非政府组织的重要属性之一。

一、非政府性

非政府性是非政府组织两大根本属性之一，是最能反映非政府组织本质特征的属性。非政府性强调非政府组织在社会功能方面有着与政府相类似的公共管理职能的同时，又是与政府组织体系完全不同的社会组织。具体而言，非政府组织的非政府特性主要包括三层含义：其一，非政府组织的产生以社会旨趣为基础，而非以国家职能为基础，它不是直接履行国家公共事务管理职能的工具，而是社会上一定的群体依据其共同的兴趣、意志、利益、志向、愿望等自发建立的社会组织；其二，非政府组织在体制和组织上独立于政府之外，与国家的政治与行政体系相分离，并不隶属于国家的政治与行政体系，其资源来源、组织决策及运作机制等，从严格意义上讲，都不应依赖政府系统，因而是独立自治的社会组织；其三，非政府组织按照组织宗旨提供公共服务并承担相应的公共责任，其公共服务和公共责任的范围可能超越国界，如可从全人类共同利益的视角提供全球公共物品，同时，它也可以不考虑纳税人的要求，即可以不从全社会的视角，而是仅从组织自身的宗旨承诺和利益需求角度，为组织内部特定的人群服务。

二、非营利性

所谓非营利性，是指不以营利为目的，而是以谋求实现社会全部或部分群体的公共利益、服务于社会公共利益为目的。需要指出的是，非政府组织不以营利为目的并不等于非政府组织从事的公益事业就不可以营利。不同的是，非政府组织应以其营利余额服务于公益事业，而且营利本身不是非政府组织从事公益事业的首要目标，其通过从事公益事业营利是为了更有助于为公共利益服务，即所谓"取之于斯，用之于斯"。

三、自治性

所谓自治性，是指非政府组织作为独立于政府体系的社会组织，在人事、财务、决策等方面一般不依附于任何其他的社会组织，尤其不依附于政府机构，因而具有独立决策、独立进行有效自我管理的能力，是独立自主的社会主体。非政府组织与政府之间既有功能互补、相互协调的一面，也有彼此竞争、权力制衡、相互监督，有时甚至有相互矛盾、相互冲突的一面。

四、志愿性

志愿精神是非政府组织最重要的精神资源，这与政府功能的强制性特征形成最鲜明的对比。非政府组织的志愿性有三层含义：其一，组织的志愿性。非政府组织的成立及成员的参与都是基于志愿，资源及资金的募集，尤其要以参加者或社会的志愿为基础。简言之，非政府组织是"自由人的自由联合体"，[1]任何时候都不得使用强迫、强制或行政命令方式实现自己的目标；其二，服务的志愿性。非政府组织提供的公共服务是基于志愿精神而不是基于行政权力；其三，活动的志愿性。非政府组织是开放式、网络式的公民志愿组织，不是自上而下的行政机关，不应有等级森严的科层结构，其优势和能力不在于其结构，而在于其具有广泛动员公众自觉、主动和自愿参与的能量。

五、组织性

组织性是指非政府组织具有一定的组织形式，即具有一定的组织边界、持续性和组织认同，包括有相对固定的办公场所、相对固定的人员、经常性的活动、一定的组织章程，以及制度、规范等等。

---

[1] 王名，刘培峰，等.民间组织通论[M].北京：时事出版社，2004：11.

六、公益性或互益性

所谓公益性或互益性，是指非政府组织必须具有"利他"的性质。"利他"是非政府组织最具本质性的合法性来源，在某种意义上，由"利他"带来的合法性基础甚至比登记注册更重要。一般而言，公益性公共服务强调的是受益群体为不特定的多数人群，互益性公共服务强调受益群体的特定性，但不论是公益性公共服务还是互益性公共服务，都具有利他性质，总体上都具有公益性。还必须特别指出，即使是为特定群体服务的互益性服务，也必须在"利他"的同时不"损他"，即不能因为强调为一部分人服务而损害另一部分人的利益。通过"损他"而"利他"，即以损害一个特定人群利益为代价而使另一个特定的人群受益，是社会的公平、公正性所不能接受的。

第四节　非政府组织产生及其蓬勃发展的原因

非政府组织像国家、国家机器、政府组织及货币和市场一样，不是从来就有的，而是人类社会发展到一定社会历史阶段的产物，其产生与发展也像世间一切事物一样，必须依赖一定的条件，有其一定的规律可循。

目前，在有关非政府组织兴起与发展的原因分析方面，比较盛行、广为人知的观点是一些西方学者所坚持的两个"失灵"说，即为"政府失灵说"和"市场失灵说"。[1]

依据西方"自然法学派"的解释，人类社会最初处于混乱的无政府状态，人们为了实现和平、稳定、繁荣、发展，及社会公正、

---

[1]　王名，刘培峰，等.民间组织通论[M].北京：时事出版社，2004：30.

公平，就要让渡自己的部分"自然权力"，也就是让渡部分"天赋人权"，交给政府与市场，由政府和市场向全社会提供公共服务和公共物品。这即是所谓"社会契约论"的要旨。[1]然而，严酷的现实是，政府和市场因其自身固有的弱点，并不能确保社会公正、公平，甚至也不能确保社会和平、稳定、繁荣与发展，这就是所谓政府和市场功能"失灵"或说"缺失"。在全球化和后工业化时代及由此导致的种种政治社会和人文心理变迁，更导致两个"失灵"或者说"缺失"加剧。凡此种种，就为非政府组织的发展提供了动力与活动空间。

综而述之，"失灵说"认为，政府与市场的功能因其活动方式与特点及其任务的复杂性而难免存在不足，即存在部分功能"失灵"或者说"缺失"，不能完全胜任社会赋予的重任而导致非政府组织应运而生。

一、政府部分功能"失灵"或"缺失"的驱动作用

根据西方"自然法学派"提出的"社会契约论"，人们为平息社会无政府状态造成的社会混乱、失控和内耗，寻求和平、稳定与繁荣而组成政府，由政府来管理社会政治、经济、文化与安全以及社会生活的各方面，以求社会整体利益的最大化，这说明人类普遍都曾把促成全社会和平、稳定与繁荣的希望寄之于政府，这也是政府得以建立的根源。世界各大文明，包括中华文明、印度文明、两河流域文明、尼罗河文明，希腊、罗马文明以及印第安文明，从无政府状态向建立政府进行社会管理的根源莫不如此。有学者研究古希腊文明，甚至认为古希腊人特别强调"国家与社会的一致"而不是强调对立，在古希腊人那里，作为"现代公民权利基本出发点的国家与社会、国家与公民的对立观念，独立于国家权力之外的市民

[1] 唐士其.西方政治思想史[M].北京：北京大学出版社，2002：214-221.

156

社会的观念，以及作为现代国家权力基础的公民自然权利的观念在当时根本都是不可想象的"。[1]然而，从各文明的政治社会发展历程看，尽管政府对管理各种社会难题具有不可替代的作用，但政府有政府的局限性，尤其存在"抓大而难以抓小"的弱点，难以面面俱到，不可避免地存在不少管理漏洞，这就是美国和西方研究非政府组织的理论所称之的政府部分功能"失灵"或说"缺失"。

"失灵说"认为，导致政府部分功能"失灵"或说"缺失"的原因，一是政府部门垄断性地提供公共物品，缺乏市场式的竞争机制，也缺乏灵活性与效率，服务成本高但效率损耗大；二是政府部门在提供公共物品时，往往只能从多数人的需要出发，只能从宏观角度大而化之、粗线条地为多数人提供公共服务，很难依据具体情况满足每一个特定的个体或特定群体的特殊要求。人们之间存在个体差异，存在千差万别的要求，提供能覆盖这些千差万别的要求、从而满足社会各个层面需求的公共物品，单凭政府的力量是难以胜任的。按照托克维尔的分析，即使像美国这样一个拥有符合"多数人"意愿的"民选"政府的西式"民主"国家，也还有个"多数的暴政"导致少数人的利益诉求得不到保障的问题；[2]三是政府体系是一个庞大的科层体系，在这个庞大的体系中，纵向从中央到地方的省、市、县、乡，机构叠床架屋，横向各部门、各机构之间，相互扯皮、相互竞争、相互制约、相互推诿，既有责权利相互重叠的领域，也有责权利"三不管"的空白点，因而常常运转不灵，效率不高，缺乏自主性以及缺乏应对挑战，尤其是应对突发性挑战的能力，也缺乏创新精神；四是在叠床架屋的科层体制中，容易造成"不求有功，但求无过"，"多一事不如少一事"的守成文化，工

[1]　唐士其.西方政治思想史[M].北京：北京大学出版社，2002：71-72.
[2]　托克维尔.论美国的民主（上卷），商务印书馆，1997：287.

作人员缺乏主动性，缺乏去主动发现、解决公共物品、公共服务难以覆盖的空白点的主观能动性。由于这些原因的存在，致使政府只能部分满足社会对公共物品与公共服务的需要，达不到人们成立政府时对政府的期望值，从而留下诸多管理空白地带，为非政府组织的产生、发展提供了肥沃土壤与极大的活动空间。

二、市场部分功能"失灵"或"缺失"的驱动作用

根据"失灵说"的观点，市场与政府并列，也是社会公共物品与公共服务最早期的主要来源之一。市场的产生与政府几乎同步，甚至更早。从世界各地的文明发展进程考察，通常都是先有了市场而后才有政府。在一些主流经济学家看来，市场甚至是"提供社会产品与服务的最佳场所"，[1]不仅先于政府产生，而且有许多政府所不具备的灵活性、主动性、创造性，因而能弥补政府提供公共产品与公共服务的不足与缺口。然而，市场因其以私有制和追求绝对利润为基础的本能，也有其先天不足。市场在提供公共产品与公共服务方面，并不能完全、有效地弥补政府部分功能"缺失"造成的空白。

不仅如此，市场因其私有制基础与最大限度地追求绝对利润的本能，还会在提供部分公共产品与公共服务的同时，造成公共产品与公共服务供应方面的新问题，即人们通常所说的市场部分功能"失灵"或者说"缺失"，其主要表现：

一是源于信任不足与信息资源的不对称。在市场条件下，营利性的生产者并不以向社会提供公共产品与公共服务本身为目的，而是借此获取利润。换言之，从行为动机看，营利性的生产者在经营时是"主观为自己，客观为社会"，如果不能获利，就不会自觉地为社会提供公共物品与公共服务。当二者能够兼顾时，营利性的生

[1] 王名，刘培峰，等.民间组织通论[M].北京：时事出版社，2004：26.

产者才在为自己牟利时也会兼带为社会提供一定的公共物品和公共服务，当二者不能兼顾时，营利性的生产者为了保障自己的利益，就可能牺牲公共物品和公共服务，造成公共物品与公共服务的"缺失"，即所谓通过"损他"而"利己"。在这种情况下，通常会出现营利性的生产者利用自己掌握的信息优势和供方地位，以放弃甚至损害公共物品或公共服务的形式实现自己的利益，甚至欺骗社会与大众。如中国当前出现的某些负有向社会提供公共物品和公共服务责任的医院、广告商及不法承包人合伙欺骗病患，以抬高医药费和医用器材价格牟取高额费用等现象，就是市场在提供公共服务与公共物品时因信任缺失、信息不对称及预想中的市场供应"失灵"的突出表现。2008年震惊全国的"三鹿毒奶"事件更是市场"失灵""缺失"的典型案例。

二是源于市场供应公共物品及公共服务时的某些排他性行为。公共服务与公共物品一个根本特征是面向全社会、具有普遍性、不应是排他的。市场在供应公共服务与公共物品时，恰恰可能出现排他性。由于进入市场的公共服务与公共物品提供者通常是个人和个体，他们在提供公共服务与公共物品时是出于客观效应而不是主观定位，是出于自发行为而非自觉行为，在崇尚自由和不受干涉、不受监督的情形下，他们可能为追求利润的最大化而在提供公共物品和公共服务时打折扣，甚至可能以损害公共利益为条件而不当牟利。

三是公共产品与公共服务的供需矛盾。这种供需矛盾首先表现为总供应与总需求的不平衡：通常情况下，社会对公共产品与公共服务的需求是总体稳定、总体平衡的，如一个城市有多少垃圾需要清理、有多少弱势群体需要照顾、有多少残疾人需要帮助等，其总量是相对固定的。但由于各种不确定性的存在，如政府的效率、市场的自觉程度及经营业绩的不稳定等，使社会在公共产品与公共服务的总供给方面很难保持稳定，更难保持总供给与总需求的平衡。其次是由于政府效率问题及市场的自发性和追逐利润等特点起作用，会造成公共产品和公共服务在不同的时期、不同的领域以及不同地区之间的分配不平衡，如穷人的需求可能因为市场利润少而得不到满足；教育、医药、环保可能因需求量大、政府经营效率不高、市场经营动力不足而造成局部供应严重不足等。

"失灵说"认为，政府与市场存在功能部分"失灵"或"缺失"现象，仅靠政府与市场的力量并不能完全满足人们对公共服务与公共物品巨大而复杂的经常性要求。除了政府与市场两大途径外，社会还需要第三种途径，即"非政府组织"来弥补因政府功能部分"缺失"和市场部分功能"缺失"而造成的公共服务与公共物品供应方面的缺口。

"失灵说"还认为，与政府和市场相比，在提供社会服务方面，非政府组织有其一定的优越性。就其与政府功能相比，非政府组织具有更加灵活、适应性更强等优点。非政府组织通常任务单一、结构简单，通常也没有复杂的科层结构和其他包袱，因而效率较高、内耗较少。同时，非政府组织常常因时、因事、因地、因人而设，如老年组织专门为老人提供公共物品和公共服务、地方病防治协会专门为某种地方病的防治服务、家政组织专门为家长因忙于工作而无暇顾及的儿童提供便餐和其他服务等，操作灵活，能解决具体问题，正好可填补政府管理宏观有余、微观不足等弱点。就其与市场功能相比，非政府组织因其不以营利为目的，具有不唯利是图的优点，而唯利是图通常是市场部分功能"失灵"或"缺失"的主要原因。非政府组织因以提供公益或互益性的公共物品和公共服务为目的，因而能够平抑市场活动的逐利甚至欺诈行为。

　　"失灵说"认为，正因为有上述诸多优点，尤其是其可弥补政府与市场部分功能"缺失"的优点，非政府组织才如雨后春笋般不断发展、壮大，成为政府与市场力量之外、能向社会提供公共物品和公共服务的"第三部门"。

　　以两个"失灵说"解释非政府组织产生、发展的根源，有其可资借鉴、汲取的合理性方面，如"失灵说"有关政府与市场社会功能不足方面的研究、评价，以及有关非政府组织正面功能的研究、评价，确实有理论上和实践上的思考、借鉴意义。但是，也不能不看到"失灵说"仅是一家之言，尚存在解释力不足、也不甚全面的缺陷：

　　首先，两个"失灵说"是以国家及市场皆与社会相对立为其理论出发点的，这一点也恰恰是西方近代所谓"自由主义思想"的理论出发点。如美国自由主义思想家潘恩曾提出："正式的政府只不过是文明生活的一小部分，即使建立起人类智慧所能设想的最好的政府，这种政府也还是名义上和概念上的东西，而不是事实上的东西。个人与集体的安全和幸福要靠社会和文明发展的基本原理，要靠得到普遍赞同和相互维护的习惯法，要通过千百万条渠道鼓舞全体文明人的利益交流，依靠这些东西，要远远胜过依靠哪怕是最完善的政府所能做到的任何一切。"[1]又如，研究非政府组织的美国学者韦斯布鲁德（Weisbrood B.A.）在《自愿的非营利部门》一书中也分析说，政府通常是按大多数投票人的意愿提供公共物品，虽然能满足多数人的要求，但另一部分人的要求却得不到满足。[2]这与托克维尔所谓的"多数的暴政"可谓异曲同工。在这里，无论是潘恩，还是韦斯布鲁德，或是托克维尔，从一开始就对政府的社会功能持

---

[1]　[英]潘恩. 潘恩选集[M]. 北京：商务印书馆，1981：231.

[2]　*The Voluntary Nonprofit Sector*[M]. Lexinrton：D.C.，Heath and Company，1977.

悲观态度，或者认为政府与社会的关系是对立的，或者认为政府"天然"就不具备完满地调整好与社会关系的职能。在市场与社会的关系问题上，自由主义者、"失灵说"也持同样的立场。

马克思主义经典理论则认为，"国家是社会在一定阶段上的产物"，"国家并不是从来就有的，曾经有过不需要国家，而且根本不知国家和国家权力为何物的社会"。[1] "国家是表示，这个社会陷入了不可解决的自我矛盾，分裂为不可调和的对立面而又无力摆脱这些对立面，而为了使这些对立面，这些经济利益相互冲突的阶级，不致在无谓的斗争中把自己和社会消灭，就需要一种表面上凌驾于社会之上的力量，这种力量应当缓和冲突，把冲突保持在'秩序'的范围以内。"[2]国家的产生经历了一个从生产发展，经私有制产生、阶级产生，再到国家形成的过程。由此可见，市民（公民）社会的形成先于国家的形成，在国家形成以前，已经先有了公民社会、公民组织（虽然还极不成熟）及公民社会的各种矛盾和冲突，因此把公民社会的派生物——非政府组织的产生简单地完全归结为政府（即国家）或市场不能有效解决社会冲突和矛盾、政府功能和市场功能"失灵"，并不完全符合社会发展史。事实上，非政府组织的产生、发展固然与政府和市场功能"失灵""缺失"有一定关系，但也有其自身逻辑。结社既是人类社会发展到一定阶段后不可或缺的一种组织形态，也是人作为社会动物的一种本能，并不完全在于政府和市场功能是否"失灵""缺失"。比如，现在国内外普遍流行的"车友会"等非政府组织就是一种基于志趣和精神需求的组织，与政府功能是否"失灵""缺失"就不存在必然联系。马克思主义经典理论还认为，国家的存在不仅以阶级为基础，也以社会

---

[1]　恩格斯.家庭、私有制和国家的起源[M]//马克思恩格斯选集（第4卷）.北京：人民出版社，2012：165-170.

[2]　恩格斯.家庭、私有制和国家的起源[M]//马克思恩格斯选集（第4卷）.北京：人民出版社，2012：166.

分工为基础；国家不仅有"控制社会"的功能，也有管理社会的功能。"失灵说"把国家与社会的关系视为对立关系，并以之为立论的出发点，尤其失之于简单化。[1]

其次，两个"失灵说"是以西方民主体制和市场经济制度为解剖材料得出的结论，并不具有解析全世界所有非政府组织的普世性功能。一些研究非政府组织的西方学者企图以完全在西式"民主"和"市场"经济土壤中生长出的西方非政府组织及其特征为分析依据得出的相关结论，去解析包括社会主义国家等在内的广大非西方国家兴起的非政府组织，这不免有以偏概全之嫌。"人有千面，各有不同。"世界是多样的，世界各国在政治经济文化方面有多样性，在不同的政治经济文化土壤上成长起来的非政府组织不可能，也不应该"千人一面"、千篇一律。西方民主体制及其市场经济制度并不具有普世性，西方政治经济体制所存在的社会功能缺陷，并不等于非西方国家的政治经济体制中也必然同样存在；西方民主体制与市场经济体制因其"天然"不足而与社会之间存在紧张甚至对立关系，并不等于其他非西方国家的政治经济体制与社会之间的关系也必然如此。

最后，两个"失灵说"在过分强调政府与市场的社会功能缺陷及其与社会之间关系的紧张、不和谐一面的同时，过分夸大了"非政府组织"的功能与作用，有过于美化非政府组织之嫌，似乎非政府组织无所不能、完美无缺，现代国家如果离开了非政府组织就不能正常运转。实际上，非政府组织也具有多样性，这不但指其类别和属性存在多样性，也指其宗旨目的、活动方式与结果良莠不齐。有些非政府组织在弥补政府与市场功能"缺失"或说"失灵"方面确实功不可没，如国际小母牛组织从1984年到2000年在中国四川等

---

[1]　马克思恩格斯. 神圣家族[M]//马克思恩格斯全集（第2卷）.北京：人民出版社，2006：145.

地从事农村扶贫活动，先后投入500多万美元，共为2万多农户传递了100多万只"礼品"畜禽，并举办1830期培训班，帮助当地农民发展畜牧业，创造直接经济效益达2.5亿人民币、间接经济效益达6.6亿人民币；直接受益农民达7万多人、间接受益者达50多万，四川宣汉、叙永和若尔盖县等项目农户人均收入从188~198元到458~903元不等。[1]但也有的非政府组织不但不能弥补政府与市场功能的"失灵""缺失"，甚至从事违法违规活动，扰乱经济和社会秩序等。更有甚者，一些西方非政府组织，还打着"民主""人权"等旗号，利用一些非西方国家在现代化进程中遇到种种困难之机，兴风作浪，企图颠覆其政权，诱迫这些国家在政治经济上全盘西化，从而导致这些国家政治动荡、经济混乱、民不聊生。如一些西方非政府组织近年在中亚各国等独联体国家策动各类"颜色革命"就是如此。还要指出，就规模而言，非政府组织所从事的公益活动在规模上仍难以与国家的功能相提并论，如国际小母牛组织在四川的扶贫活动虽然功不可没，但毕竟只能部分解决中国少数农户的脱贫问题，而四川以至全中国的农户不只是数万，而是数亿，主要的扶贫工作还要靠政府和市场长期的努力，非政府组织的活动只能起有限的补充作用。对非政府组织的社会功能与作用一概否认固然不对，但无限夸大也不一定符合实际情况。

第五节　非政府组织与政府、市场及社会的关系

虽然人们通常把非政府组织称作政府与市场之外的"第三部

---

[1] 王名主编：《中国NGO研究：以个案为中心》（载联合国区域发展研究中心系列研究报告—43，第37页。

门"或"第三者",但非政府组织与政府、市场及社会的关系要复杂得多,远不是"第三部门"或"第三者"的简单概念所能包容与解释的。

一、非政府组织与政府的关系

根据"失灵说",非政府组织得以产生的一个重要原因是政府体系机构庞大、机制复杂、存在叠床架屋的科层结构,因而运转不够灵活,管理中漏洞百出,造成部分功能"缺失",即所谓的"政府失灵"。在政府体系管理不到、不当、不及之处,给非政府组织的活动留下了巨大空间。简言之,非政府组织具有弥补政府部分功能"缺失"造成的缺口的作用,由此规定了非政府组织与政府关系的第一个重要特点:互补关系。第二个重要特点是由政府权力的特点来决定的。政府权力的一个重要特点通常是以多数人的长远利益和意志为归依,强调少数意见服从多数意见、局部要求服从整体要求、短期利益服从长期利益。而且,由于政府运作时通常有"暴力"为后盾,会强迫少数服从多数、局部服从整体、短期服从长期,从而使部分公民(少数、局部、短期)的利益受损甚至受伤害,而这部分公民受损害的利益——尽管是少数意见、局部要求、短期利益——通常并非是不正当的,更何况在政府部分功能"缺失"的情况下,还可能出现政府为保护少数意见、局部要求和短期利益而牺牲多数人的利益要求的情况。在这种情况下,由非政府组织出面,组织利益受损害的公民(有时是少数、有时可能是多数)与政府抗争,避免公民利益受政府公权力的伤害。因此,非政府组织与政府关系的第二个特点是:监督、制约与防范关系,即监督、制约政府施政,防范政府施政不当或迫不得已情况下对部分公民的利益造成损害。非政府组织与政府关系的第三个特点是:具有潜在的对抗关系。霍布斯在其政治学名著《利维坦》中论证说:政府"有足够的理由怀疑非政府的结社，后者通过对组织技巧的教育和建立一种共同体的感觉，能够对国家的权力构成挑战"。[1]更有一种观点认为："在公众中，少数几个人就能煽动起大家的强大而激烈的情绪，产生巨大的优势。"非政府组织在弥补政府组织施政不当、不足，或监督、制约政府的施政行为时，如果处理得当，就会与政府形成互补与合作关系，如果处理不当，就会形成对立、对抗。从这个意义上说，非政府组织有可能被别有用心的人引诱成为政府的否定力量和颠覆因素。

二、非政府组织与市场的关系

非政府组织不仅是政府的对立面，而且也是市场的对立面。像政府权力一样，市场力量也具有强制性。由此产生了非政府组织与市场关系的第一个特点，即非政府组织是市场暴力的防范、制约因素。如前所述，资本和个人企业主以牟取最大利润为其宗旨和归依，客观上虽然有服务于社会的效果，主观上却是为了最大限度地追求利润。为追求最大利润，资本和个人企业及其载体市场通常有可能损害公民与社会的利益，至少是可能损害部分公民或社会某个局部的利益，如过度开发水电可能损害环境及库区人民的利益，开办大的水产企业可能损害世代以捕鱼为生的个体渔民的利益等等。这时，就出现了非政府组织出来起平衡、制约作用的活动空间。通过非政府组织的活动，有可能制约资本与企业的过分扩张，保护弱小的受害者的生存权不受侵害。此外，个体企业和资本因其逐利特点，不可能去自动投资那些虽然有利于社会却无利可图的事业和经济活动，如防治地方病、救助残疾人、保护环境、资助贫困学生、帮助落后地区脱贫、发展山区教育等，而国家因其机制庞大而缺少灵活性，也无力顾及，此时也为非政府组织提供了活动空间。简言

---

[1] 王名，刘培峰.民间组织通论[M].北京：时事出版社，2004：41.

之，非政府组织在市场难以发挥作用的领域承担起"不唯利是图"的社会责任，弥补市场部分功能"缺失"与活动不足。

三、非政府组织与社会的关系

非政府组织与社会的关系有四点尤其值得注意。

第一，非政府组织以公民社会和以为公民服务为目的。市场以追求利润为其目的，不会无缘无故地、主观能动地为公民服务。在市场部分功能缺失的情况下，还会损害公民的利益、至少是损害部分公民的利益。政府在正常情况下以多数人的整体利益为目的，因而难免损害少数公民的利益。在政府部分功能"缺失"严重时，甚至会损害多数公民的利益。唯有非政府组织在任何时候、任何情况下，都以保护公民权益、不损害公民权益为其活动宗旨。如保护残疾人组织在救助残疾人时，也减轻了社会负担，不会去损害社会其他群体的利益。

第二，非政府组织的活动加强了公民间的平等互动关系及社会纽带。在建立组织及组织活动过程中，非政府组织为公民提供了沟通、交流场所，而沟通和交流能促进人际纽带的形成与加强，进而促进更为广泛的社会沟通联系与良性互动，产生新的公共空间。

第三，非政府组织通过在一个村庄、一个城市、一个行业，甚至在一个国家或国际社会范围内的一个特定问题、特定领域形成组织，管理其公共事务，保持内部的正常、健康、有效运作，进行自我管理、解决一些公共问题，不但能造成公民自我治理局面，且在此过程中，提供了公民首创性的、自主性的、公共而相互联结的、有个性的活动，服务于社会和大众的场合与机会，也相应地培养了公民的自我管理和参与社会管理的积极性与能力。

第四，非政府组织为公民社会提供了合适而有生命力的组织化形式。在公民社会中，公民要表达自己的意志、要在政府部分功能

"缺失"与市场部分功能"缺失"的情况下，防范"政府暴力"与"市场暴力"的伤害或保护不周，就要有自己的组织，因为"组织起来力量大"。而非政府组织应运而生，为公民社会对公民自我组织的要求提供了合适的形式。这也是非政府组织发展迅速的根本原因。

第六节　非政府组织的历史、现状与前景

非政府组织从无到有、从弱到强、从自发发展到自觉建立的产生与发展有一个过程，也有其自身特有的活动规则。尤其重要的是，在世界范围内，非政府组织的发生与发展是普遍现象，但在世界不同的地区、不同的经济文化与政治背景下，其发展与活动特点、状态与规律又千差万别。不但发达国家与发展中国家的非政府组织发展状况与活动特点区别很大，就是发达国家内部，如美国与欧洲国家的非政府组织的发展状况差别也很大。

早在19世纪，法国政治思想家夏尔·阿列克西·托克维尔在其名著《论美国的民主》一书中就看到了美国与欧洲国家间在非政府组织问题上的巨大差异。他分析说："美国人不论年龄多大，不论处于什么地位，不论志趣是什么，无不时时在组织社团。在美国，不仅有人人都可以组织的工商团体，而且还有其他成千上万的社团。既有宗教团体，又有道德团体；既有十分认真的团体，又有非常无聊的团体；既有非常一般的团体，又有非常特殊的团体；既有规模庞大的团体，又有规模甚小的团体。为了举行庆典、创办神学院、开设旅店、建立教堂、销售图书、向边远地区派遣教士，美国人都要组织一个团体。他们也用这种办法建立医院、监狱和学校。在想

传播某一真理或以示范的办法感化人的时候，他们也要组织一个团体。在法国，凡是创办新的事业，都由政府出面；在英国，则由当地的权贵带头；在美国，你会看到人们一定组织社团。"[1]由于政治、经济发展阶段不同以及中西文化和历史传统的巨大差异，中国与西方发达国家在非政府组织的发展历程与活动规则、特点及其社会作用等方面的差异尤其大。

一、非政府组织产生、发展与演变的历史回顾

作为社会组织的基本形式之一，非政府组织的历史至少与近代资本主义一样悠久。[2]综而观之，非政府组织的发展进程可分为三个明显前后相继的阶段。

非政府组织发展的第一阶段始于公元17世纪，大致与资本主义发展的早期阶段同步。非政府组织最早出现在公元17世纪，当时也正是资本主义开始成为世界主要生产方式和生活方式的时期。资本主义作为人类社会五个主要的而且是较后出现的生产方式和经济社会制度，有其积极的一面，它刺激了科技进步和大工业的产生以及生产力的迅猛发展，社会财富以前所未有的规模与速度大幅增长。但与此同时，资本主义政治、经济与管理制度不可避免地带有其自身难以克服的固有缺陷与弱点，以及各种严重的社会问题和社会矛盾，如周期性经济危机、普遍存在的社会相对贫困化和绝对贫困化、发展不平衡，包括国家、区域、行业的发展不平衡、财富分配不均等。简言之，资本主义社会一方面依靠市场与政府的双杠杆推动社会进步，另一方面，政府部分功能"缺失"与市场部分功能"缺失"在资本主义社会发展到极至，"政府暴力"与"市场暴

---

[1]　[法]托克维尔.论美国的民主（下卷）[M].董果良，译.北京：商务印书馆，1997：635-636.

[2]　王名.非营利组织管理概论[M].北京：中国人民大学出版社，2002：19.

力"的表现同时也发展到极至。在这种情况下,以救济贫困等宗教、慈善和反对社会不公平与不公正目标为宗旨,及以保护工人利益为宗旨的工人协会等非政府组织雨后春笋般发展起来。美国、英国、法国、德国等资本主义国家涌现出了大量的非政府组织。如美国1830年左右出现了由反对奴隶制的人们组成的废奴协会,该组织在1840年发展为拥有2000多个地方组织、会员总数达25万人的大型非政府组织,[1]且在南北战争中为北方的胜利发挥了巨大的作用。

非政府组织发展的第二阶段以19世纪末为起点。19世纪末,资本主义进入"垄断"阶段,垄断成为资本主义社会的主要特征。资本主义社会的矛盾有了新变化,非政府组织在资本主义社会的发展也出现了若干新的特点:一是各主要资本主义国家致力于社会变革与社会改造的工人团体不断涌现,如英国工人1881年成立了"民主联盟";美国工人1886年成立了"劳动者联盟";俄国工人1883年成立了"劳动解放社"。这些工人团体的宗旨主要是维护工人阶级的权益,并与资本家及其政府展开斗争。二是出现了一大批致力于社会公益事业的非政府组织,开展各类慈善事业和救济活动,客观上有助于缓和日益紧张的社会矛盾,如这一时期美国先后建立了摩根基金会、卡内基基金会、洛克菲勒基金会等,还出现了"救世军"(Salvation Army)、救助儿童会(Save the Children)、乐施会(Oxfam)等救助穷人的慈善组织。三是涌现出了大量致力于战场救护的非政府组织,尤其突出的是国际红十字会应运而生。公元18世纪,日内瓦公益会根据一位名叫亨利·杜南的慈善家的建议,成立了进行战场救护的"伤兵救护国际委员会",各国纷纷群起效仿。1864年8月,英、美、法、荷、意等16国代表在日内瓦签署了《万国红十字会公约》,制定了改善战地伤病者境遇的国际通则,并建议

---

[1] 王名.非营利组织管理概论[M].北京:中国人民大学出版社,2002:20.

各国成立民间的战场救护团体，即国际红十字会。国际红十字会后来在第一次世界大战和第二次世界大战中为减轻战场伤病员的痛苦做出了出色的贡献。四是涌现出了一大批致力于科学、教育、卫生等事业的非政府组织，如成立了诺贝尔基金会，设重奖奖励国际上在物理、化学、生理、医学、经济、文学及促进世界和平等领域有重大贡献的精英人物。在卫生领域，出现了一批面向穷人的慈善性医院。

第二次世界大战后，非政府组织的发展进入第三阶段。在此阶段，非政府组织在世界上呈"爆炸式增长"，不仅数量增多、规模扩大，而且活动领域增多、活动能力和国际影响扩大，几乎无处没有非政府组织的影响。如1909年全球非政府组织仅176个，20世纪70年代末约3 000个。这足以说明二战后非政府组织的扩大规模与速度。[1]

战后非政府组织空前大发展的背景原因与条件主要有三：一是两次世界大战的灾难及巨大的人员损失和无边的人类心灵创伤使人类普遍更珍惜生命权与人权；二是战时发展起来的高科技为战后科技革命和经济增长创造了条件，社会财富空前扩大，经济出现巨大变革，给非政府组织发挥作用提供了新的巨大活动空间；三是战后民主空间发展，联合国等登上了全球治理的舞台。

二战后非政府组织的发展呈现出六大特点：一是各种形式的社群组织层出不穷，在社会重建和社会变革中扮演着越来越重要的角色，如各种妇女组织、产业工人组织、农民组织、社区居民组织、儿童保护组织、青少年组织等。二是联合国在国际事务中发挥越来越重要的作用，非政府组织在联合国的扶持下登上国际舞台，成为国际政治与全球治理中的活跃因素。《联合国宪章》第71条规定，

[1]　田芳.论全球化背景下非政府组织对国际社会的政治作用[J].理论月刊，2006（2）.

联合国经社理事会作为负责协调经济与社会活动的联合国机构，在提出建议和展开活动时须与相关的非政府组织磋商。1952年，联合国经社理事会把"有关非政府组织"定义为："凡不是根据政府间协议建立的国际组织。"[1]三是在第二次世界大战后恢复重建过程中，涌现了一大批致力于慈善、救助的非政府组织。如在一位名叫卜皮尔的美国人呼吁下，1950年成立了世界宣明会（World Vision），旨在帮助世界各地的穷人，特别是贫困家庭的儿童。四是人权问题受到国际社会的普遍关注。联合国在其宪章中首次将"保护人权"写入了国际文件，并于1946年成立了人权委员会，1948年通过了《世界人权宣言》。1961年在伦敦成立了著名的人权类非政府组织大赦国际（Amnesty Internation）。此后，人权观察、美洲观察等国际人权组织也相继诞生。五是环境保护问题日益成为非政府组织活动的重要领域，环保类非政府组织大量涌现。1948年，国际自然保护联盟在日内瓦成立，这是第一个由政府官员和非政府人士组成的环境保护类非政府组织。此后，世界自然保护基金、地球之友、绿色和平组织等世界级的环保类非政府组织也相继成立，为世界环境保护做了大量的工作。六是致力于世界和平的非政府组织不断发展壮大。除了国际红十字会等国际伤病救援组织外，还出现了包括反对核武器、反对国际军备竞赛、反对地雷、反对战争的各种维护和平与反战组织，以及各种战争灾难救援组织，如无国界医生组织（Doctors Without Borders）等等。

与世界上其他国家，尤其是欧美国家相比，中国的非政府组织发展历史有其特殊性。中国的非政府组织源远流长，较之西方非政府组织起源更早。如从先秦开始，中国就有了"社会""会党"等概念。汉代出现的"黄巾起义"就始于结社。到了宋元时代，民间

[1] 王名.非营利组织管理概论[M].北京：中国人民大学出版社，2002：23.

172

非政府组织就更多了。与美欧及世界其他国家相比，中国早期的非政府组织在活动特点、组织形式等方面也有许多不同之处。如中国古代是一个王权发达、高度中央集权、政府管理相对严格的社会，所谓"普天之下，莫非王土"，说明了中国政府管理的发达程度。同时，中国也没有西方式的发达的市民社会。但另一方面，中国又有"天高皇帝远""王权不下县"等理念，说明王权的有限方面。而在文化、宗法方面，中国不论王朝如何更替，政治如何动荡，但中国的宗族制、地域聚居习惯以及忠孝节义等文化传统，都对社会稳定和维持社会的正常运转起了基础作用。这种宗族制、农耕民族稳定的地域聚居制，实际上起到了非政府组织抑制"政府暴力"和"市场暴力"的作用，弥补了政府部分功能"缺失"和市场部分功能"缺失"。综合起来看，在中华人民共和国成立前，中国的非政府组织主要可分为六大类：一是行业协会，如会馆、行会、同乡会、同学会等，是由传统的手工业者、工商业者为维护行业与商业秩序而建立的组织；二是互助与慈善组织，如互助会、合作社、协会、育婴堂、积善堂等；三是学术类组织，如学会、研究会、学社、协会等；四是政治性组织，如学联、工会及"义和团"、抗敌社等反侵略组织；五是文艺类组织，如剧团、剧社、棋会、画社等；六是会党或秘密结社组织，如哥老会、青帮、红帮、红帮、红枪会等。

中华人民共和国成立后，为了适应中国的政治、经济、文化不同于西方的特点，中国的非政府组织在调整的基础上，形成了中国式的独特发展模式。一方面是清理、取缔了一批具有封建色彩、黑社会色彩的传统帮会等非政府组织，如青帮、红帮、哥老会、红枪会等组织；另一方面，又把一些拥护社会主义制度的政治团体定义为民主党派，如九三学社、民主同盟等。

参政议政的工、青、妇、工商联等8个团体，则通常被认为具有非政府组织特征。

二、非政府组织的现状与前景

冷战结束以来，全球化、信息化、多极化、民主化、民营化以及世界经济、科技的空前发展，世界更加联系为一个统一的、密不可分的整体，世界"缩小了"，人们来往更便利、更紧密了，也更加利害攸关、祸福同当了。随着全球化的推进，现代大工业向全世界加速扩张、普及，也使人类面临越来越多、越来越严重的全球性问题，包括环保问题、能源资源问题、两极分化和一些落后国家的绝对贫困化问题、食品安全问题、跨国犯罪问题、各种流行性传染病问题、减灾防灾问题、人文心理问题及各种涉及可持续发展的问题等，要求人们以新的视野、新的人文关怀加以解决，这在宏观上呼唤全球治理，在微观上为非国家行为体发挥作用提供了新的活动空间。同时，因两极体制和两大集团对抗关系的瓦解，美苏冷战对抗关系的终结，人类暂时解除了数十年来挥之不去的核大战阴云和意识形态对抗。地缘政治竞争的激烈程度也在下降，求和平、求合作、求发展成了国际社会的主题词，人们也有了更多机会思考和参与从宏观到微观的各层次全球治理问题。以此为背景，非政府组织在冷战后进入新一轮发展期并出现了不少新特点。

第一，非政府组织在数量上急剧扩张。虽然世界上迄今究竟有多少非政府组织，很难有准确的统计数字，但其数量一定是空前巨大的。有资料显示，全世界参与各种非政府组织与活动的总人数已达20多亿，占世界总人口的近40%，他们广泛活跃在世界上从环保、保健、救难、人权，到妇女解放、反贪腐、教育、反战等各个领域。"非政府组织"或"NGO"在主流媒体出版物上的使用频度增加了17倍。[1]也有资料显示，单是在包括美、日、德、法、英、荷，以及巴西、澳大利亚等世界上22个国家，非政府组织就掌握了约1.1万亿美元的产业，雇用了约1900万个全职工作人员。这22个国家的非政府组织支出达到其国内生产总值的4.6%，其工作人员达到了非农业就业人口的5%，公共部门就业的27%。有人甚至称之为除世界上美、日、德、法、英、意和中国等七个最大经济体之外的世界"第八大经济体"。[2]

第二，非欧美国家、发展中国家非政府组织的发展势头尤其加快，一些最不发达国家，甚至一些还大量保留部落社会痕迹的落后民族与国家，都出现了规模庞大、活动范围极大的非政府组织。由此，非政府组织的活动发展长期在欧美"一头沉"的局面有了一定改观。例如，菲律宾已有10万家以上的非政府组织；中国的台湾虽然只有2300万人口，也有15000家以上的各类非政府组织。[3]然而，非政府组织在不同的国家间依然存在发展不平衡现象，美欧等发达国家的非政府组织依然在规模、能力方面保持极大优势，美国有100多万家各种非政府组织，[4]而非洲国家的非政府组织数量则相对较少。从有酬员工的规模看，荷兰、爱尔兰、比利时等发达国家非政府组织的有酬员工均占其非农业人口的10%以上，而罗马尼亚、墨西哥等非发达国家则仅占1%左右。[5]

第三，国际非政府组织数量增长尤其迅速，开始呈爆炸式增长之势。据统计，国际非政府组织1909年为176个；第二次世界大战前大约为1000个；20世纪70年代末约3000个；20世纪90年代，国际非

[1]　徐莹.当代国际政治中的非政府组织[M].北京：当代世界出版社，2006：113.

[2]　[美]莱斯特·M.萨拉蒙等.全球公民社会：非营利部门视界[M].贾西津，魏玉，等译.北京：社会科学文献出版社，2002：9-10.

[3]　王名.非营利组织管理概论[M].北京：中国人民大学出版社，2002：31-32.

[4]　盛红兵，贺兵.当代国际关系中的"第三者"[M].北京：时事出版社，2004：22.

[5]　王名.非营利组织管理概论[M].北京：中国人民大学出版社，2002：25.

政府组织已急速增至3万个以上，较冷战前的20世纪70年代增长了10倍。[1]另有人统计，1989年全球国际非政府组织的总数为20063个，而到了2000年，各类非政府组织已增至43958个，11年间增长了两倍多，这突出说明了国际非政府组织的增长速度在冷战后已大大加快。[2]不仅如此，国际非政府组织的活动范围和领域也大大扩张，一些较大的国际非政府组织纷纷在世界各地设立办事处或分支机构，富可敌国，影响也可"敌国"。例如，大赦国际在全世界约50个国家设有办事处，在20多个国家设有数千个人权小组，其成员有数十万人；世界自然基金会的成员近500万人；绿色和平组织也有数十万成员。

第四，美欧等西方发达国家利用其非政府组织在规模、数量、资金、经验等方面对非西方国家非政府组织享有的巨大优势，以其非政府组织为前锋，不断向非西方国家进行政治、经济渗透，以各种"软""硬"手法向非西方国家输出西方"民主观""人权观""价值观"以及西方民主和市场经济体制，使非政府组织，尤其是国际非政府组织"蒙羞"。如近年在中亚和乌克兰等独联体国家，以美欧等国为主的西方非政府组织，就加紧对其渗透，与所在国政府争夺政权基础和民心，策动各式各样的所谓"颜色革命"，造成了这些国家的政局动荡和社会混乱，从而迫使非西方国家产生警觉，加强了对非政府组织的规范、管理。一些国家甚至采取措施抵制、限制、取缔某些"不法"国际非政府组织的活动。国际非政府组织作为"当代国际关系中的'第三者'"，其影响确实不断增大。

第五，非政府组织无论在全球治理还是各国国内治理方面都越来越活跃，在国际安全、环保、保健、教育、社会服务等领域的非

[1] 盛红兵，贺兵.当代国际关系中的"第三者"[M].北京：时事出版社，2004：17.

[2] 田芳.论全球化背景下非政府组织对国际社会的政治作用[J].理论月刊，2006（2）.

政府组织发展最快。非政府组织的就业人口中，包括大量的志愿者，其规模约占在非政府组织中就业总人口的1/3左右。

在21世纪，随着全球化、民主化、信息化的继续深入发展，人类的地球村、一体化及人类大家庭等理念的进一步强化，蔓及全球的社团革命方兴未艾，将进一步向前推进。非政府组织在全球范围内的数量、规模、活动领域及活动能力将进一步发展、扩大，其中三大特征将十分突出：一是国际非政府组织将大量发展起来，并更广泛、更积极、更全面、更深入地参与国际事务，真正成为国际体系中除国家及国家间组织之外的"第三者"；二是包括中国在内的广大非发达国家，非政府组织将有一个空前大发展时期，非发达国家的非政府组织发展之路虽然不可避免地要受发达国家及其非政府组织的影响，但非发达国家的非政府组织将依据其各自的国情，保持其发展特色与独特的发展模式；三是以美欧为首的西方发达国家将继续利用其所掌握的国际政治、经济和发展模式的"话语权"，并利用其非政府组织在规模、能力、经费、技术和经验上的优势，以其为工具，加强对非西方国家的政治、经济渗透，以求继续向全世界推广西方的政治、经济体制和文化价值观。

第七节　美欧等发达国家的非政府组织

发达国家的非政府组织起步较早，德国的非政府组织可以追溯到中世纪的行业协会以及后来的城市联盟，英国的民间公益组织兴起于中世纪末期，美国在殖民地时期就产生了民间结社组织。近20年来，发达国家的非政府组织均进入了一个新的发展时期，向社会的各个领域蔓延，作用也呈现出不断增大的趋势，日益受到人们的重视。以德国为例，单是环保领域就有上千个非政府组织，参加各类环保民间组织的会员达1500万，约占全国人口的1/6。

发达国家的非政府组织与政府的关系复杂、多面，既有替代和互补（也可称为合作），也有矛盾和对立。总体而言，随着社会的发展和需要，两者间的合作领域正在逐步加大。早在20世纪60年代，美国联邦政府就开始强调政府以合同的形式向非政府组织购买社会服务以解决社区居民的需求。里根政府时期对社会福利体系进行改革，鼓励非政府组织承担社会职能，政府通过多种形式向非政府组织提供帮助，如政府赠款、税收优惠、捐款便利等。英国政府也在这一时期调整了与非政府组织的关系。英国保守党1979年的竞选纲领把非政府组织视为政府服务的补充，到了1987年则修改为"不仅是政府的补充也是政府之外的另一种选择"。进入20世纪90年代，德、法、意等其他西欧国家也步英国的后尘改革福利制度，这些国家对非政府组织的态度也发生相应转变，从防范变为鼓励。有的国家放宽了限制，增加了激励措施；有的国家通过法律形式下放部分提供公共服务的权力，允许地方政府借助非政府组织提供公共服务。

发达国家对成立非政府组织没有严格的限制，公民可以随意建立非政府组织，不需要任何国家机关批准，不必注册登记，注册与否仅仅意味着法律地位不一样。政府对非政府组织的监督管理以税收为重点，管理的法律框架亦以税法为基础。权利与义务相称，享受的优惠越多，必须承担的义务也越多。

发达国家的非政府组织在发展壮大的同时，也出现了一些问题。如非政府组织开始出现商业化趋势，非政府组织的腐败丑闻导致民众对其诚信产生怀疑，同类非政府组织之间的竞争加剧等等。西欧国家还有恐怖分子以非政府组织的形式活动，法国国家情报总局和地方执法部门已开始加强对一些敏感活动的关注。

主要参考文献

中文部分

1.[美]陈世材著：《国际组织——联合国体系的研究》，中国友谊出版公司，1986年版。

2.[美]莱斯特·M·萨拉蒙：《全球公民社会——非营利部门视角》，贾西津等译，社会科学文献出版社，2002年版。

3.[美]朱莉·费希尔：《NGO与第三世界的政治发展》，邓国胜、赵秀梅译，社会科学文献出版社，2002年版。

4.[英]约翰·洛克：《政府论·下》，商务印书馆，1997年版。

5.E.博登海默：《法理学——法哲学及其方法》，邓正来等译，华夏出版社，1987年版。

6.奥斯特·奥托·岑皮尔：《变革中的世界政治——东西方冲突结束后的国际体系》，华东师范大学出版社，2000年版。

7.陈鲁直、李铁城：《联合国与世界秩序》，北京语言学院出版社，1995年版。

8.邓国胜：《非营利组织评估》，社会科学文献出版社，2001年版。

9.菲德罗斯等著：《国际法》，李浩培译，商务印书馆，1981年版。

10.格尔纳著：《自由的诸条件：公民社会与其对手》，企鹅出版社，1994年版。

11.何增科：《公民社会与第三部门》，社会科学文献出版社，2000年版。

12.卡尔·多伊奇著：《国际关系分析》，周启朋等译，世界知识出版社，1992年版。

13.李东燕：《反全球化运动的性质与特点》，载《国际形势黄皮书·2003年：全球政治与安全报告》，社会科学文献出版社，2003年版。

14.李铁城主编：《世纪之交的联合国》，人民出版社，2002年版。

15.梁西著：《国际组织法》，武汉大学出版社，1993年版。

16.梁西著：《国际组织法》，修订第四版，武汉大学出版社，1998年版。

17.梁西主编：《国际法》，武汉大学出版社，1993年版。

18.梁西著：《现代国际组织》，武汉大学出版社，1984年版。

19.刘绍贤主编：《欧美政治思想史》，浙江人民出版社，1987年版。

20.蒲俜著：《当代世界中的国际组织》，当代世界出版社，2002年版。

21.钱乘旦、许洁明著：《英国通史》，上海社会科学院出版社，2002年版。

22.渠梁、韩德主编：《国际组织与集团研究》，中国社会科学出版社，1989年版。

23.盛红生著：《联合国维持和平行动法律问题研究》，军事谊文出版社，1998年版。

24.王杰编著：《国际格局与国际组织》，北京大学出版社，1993年版。

25.王名、刘国翰、何建宇：《中国社团改革》，社会科学文献出版社，2001年版。

26.王逸舟主编：《磨合中的建构》，中国发展出版社，2003年版。

27.王逸舟著：《当代国际政治析论》，上海人民出版社，1995年版。

28.星野昭吉著：《变动中的世界政治——当代国际关系理论沉思录》，刘小林、王乐理等译，新华出版社，1999年版。

29.叶宗奎、王杏芳主编：《国际组织概论》，中国人民大学出版社，2001年版。

30.仪名海：《20世纪国际组织》，北京广播学院出版社，2003年版。

31.英瓦尔·卡尔松、什里达特·兰法尔：《天涯成比邻——全球治理委员会》，中国对外翻译出版公司，1995年版。

32.俞正梁等:《全球化时代的国际关系》,复旦大学出版社,2000年版。

33.詹姆斯·多尔蒂、小罗伯特·普法尔茨格拉夫著:《争论中的国际关系理论》,邵文光译;世界知识出版社,1987年版。

34.张季良主编:《国际关系学概论》,世界知识出版社,1989版。

35.赵黎青:《非政府组织与可持续发展》,经济科学出版社,1998年版。

36.朱建民:《国际组织新论》,台湾正中书局,1985年版。

37.[比]保罗·吉尔斯:《国际市民社会——国际体系中的非政府组织》,载《国际社会科学杂志》第13卷,1996(2)。

38.[美]保罗·斯特里腾:《非政府组织和发展》,转引自何增科主编:《公民社会与第三部门》,社会科学文献出版社,2000年版。

39.[西]萨尔瓦多·吉内尔:《公民社会及其未来》,转引自何增科主编:《公民社会与第三部门》,社会科学文献出版社,2000年版。

40.蔡拓、刘贞晔:"全球市民社会与当代国际关系(上)",载《现代国际关系》2002年第12期。

41.何增科:"'第三部门'的力量",载《南方周末》2001年11月22日。

42.范国祥:《从"千年论坛"看非政府组织的特点》,载《国际问题研究》2001年第4期。

43.韩嘉玲:"国家在中国妇女发展中的作用",载《浙江学刊》1998年第6期。

44.黄世席:"非政府间国际组织的国际法主体资格探讨",载《当代法学》2000年第5期。

45.钮汉章:《国际安全的思维与机制选择》,载靳希民主编:《国际安全与安全战略》,军事科学出版社,2000年版。

46.宋渭澄:"联合国体系下的非政府组织及其国际政治效应",载《国际论坛》2003年第2期。

47.苏长和:"非国家行为体与当代国际政治",载《欧洲》1998年第1

期。

48.赵黎青："非政府间组织与联合国体系"，载《欧洲》1999年第5期。

49.赵黎青："环境非政府组织与联合国体系"，载《现代国际关系》1998年第10期。

50.赵黎青："非政府组织问题初探"，载《中共中央党校学报》1997年第4期。

51.白桂梅、龚刃韧等编著：《国际法上的人权》，北京大学出版社，1996年版。

52.北京大学法学院人权研究中心编：《国际人权文件选编》，北京大学出版社，2002年版。

53.查尔斯·林德布洛姆：《政治与市场——世界的政治经济制度》，上海三联书店出版社，1996年版。

54.大卫·鲍德温主编：《新现实主义和新自由主义》，浙江人民出版社，2001年版。

55.大沼保昭著：《人权、国家与文明》，生活·读书·新知，三联书店，2003年版。

56.戴维·赫尔德等：《全球大变革——全球化时代的政治、经济、与文化》，社会科学文献出版社，2001年版。

57.邓国胜：《非营利组织评估》，社会科学文献出版社，2001年版。

58.邓正来、J.c.亚历山大主编：《国家与市民社会——一种社会理论的研究路径》，中央编译出版社，1999年版。

59.郭国庆：《现代非营利组织研究》，首都师范大学出版社，2001年版。

60.国家环境保护总局政策法规司编：《中国缔结和签署的国际环境条约集》，学苑出版社，2001年版。

61.何增科主编：《公民社会与第三部门》，社会科学文献出版社，2000年版。

62.黄浩明：《国际民间组织：合作实务和管理》，对外经济贸易大学，出版社2000年版。

63.杰克·唐纳利：《普遍人权的理论与实践》，中国社会科学出版社，2001年版。

64.肯尼斯·沃尔兹：《国际政治理论》，中国人民公安大学出版社，1992年版。

65.莱斯特·M.萨拉蒙等：《全球公民社会——非营利部门视界》，社会科学文献出版社，2002年版。

66.莱斯特·瑟罗：《资本主义的未来》，中国社会科学出版社，1998年版。

67.李铁城著：《联合国五十年》，中国书籍出版社，1995年版。

68.李亚平、于海编选：《第三域的兴起》，复旦大学出版社，1998年版。

69.李友梅：《组织社会学及其决策分析》，上海大学出版社，2001年版。

70.联合国社会发展研究所编著：《全球化背景下的社会问题》，北京大学出版社，1997年版。

71.梁守德、洪银娴著：《国际政治概论》，中央编译出版社，1994年版。

72.罗宾·科恩、保罗·肯尼迪：《全球社会学》，社会科学文献出版社，2001年版。

73.罗伯特·基欧汉、约瑟夫·奈：《权力与相互依赖》，北京大学出版社，2002年版。

74.罗伯特·基欧汉主编：《新现实主义及其批判》，北京大学出版社2002年版。

75.罗伯特·吉尔平：《国际关系政治经济学》，经济科学出版社，1989年版。

76.罗伯特·赖克：《国家的作用——21世纪的资本主义的前景》，上海译文出版社，1996年版。

77.玛莎·费丽莫：《国际社会中的国家利益》，浙江人民出版社2001年版。

78.挪威，弗里德约夫·南森研究所编：《绿色全球年鉴》，中国环境科学出版社，2002年版。

79.全球治理委员会：《天涯成比邻——全球治理委员会的报告》，北京：中国对外翻译出版公司，1995年版。

80.饶戈平主编：《国际组织法》，北京大学出版社，1996年版。

81.王杰主编：《国际机制论》，新华出版社，2002年版。

82.王绍光：《多元与统一——第三部门国际比较研究》，浙江人民出版社，1999年版。

83.王铁崖主编：《国际法》，法律出版社，1995年版。

84.威廉.奥尔森：《国际关系理论和实践》，中国社会科学出版社，1989年版。

85.温特：《国际政治的社会理论》，上海人民出版社，2000年版。

86.乌·贝克、哈贝马斯等著：《全球化与政治》，中央编译出版社，2000年版。

87.杨雪冬：《全球化：西方理论前沿》，社会科学文献出版社，2002年版。

88.俞可平主编：《全球化：全球治理》，社会科学文献出版社，2003年版。

89.俞可平主编：《治理与善治》，社会科学文献出版社，2000年版。

90.约瑟夫·A.凯米莱里、吉米·福尔克：《主权的终结？——日趋"缩小化"和"碎片化"的世界政治》，浙江人民出版社2001年版。

91.詹姆斯·罗西瑙等主编：《没有政府的治理》，江西人民出版社2001年版。

92.赵黎青：《非政府组织与可持续发展》，经济科学出版社，1998年版。

93.朱莉·费希尔：《NGO与第三世界的政治发展》，社会科学文献出版社，2002年。

94.邹克渊：《南极矿物资源与国际法》，北京大学出版社，1996年版。

95.安树伟、季任钧《国际援助经验及其对我国东西扶贫协作的启示》，载《西北民族研究》，2001年第3期。

96.保罗·吉尔斯著，黄平译：《国际市民社会——国际体系中的国家间非政府组织》，载《国际社会科学杂志》（中文版），1993年第3期。

97.杜晓山：《国外的扶贫实践——亚洲地区扶贫组织及模式简介》，载《国际经济》，

98.渡边昭夫、土山实男：《全球治理的射程》，载渡边昭夫、土山实男主编：《全球治理：无政府秩序的探索》，东京大学出版社，2001年版。

99.鄂晓梅，《国际非政府组织对国际法的影响》，载《政法论坛》，2001年第3期。

100.范国祥：《从"千年论坛"看非政府组织的特点》，载《国际问题研究》，2001年第四期。

101.范士明：《国际关系中的非政府组织浅析》，载《现代国际关系》，1998年第3期。

102.黄浩明：《可持续发展和乡村扶贫》，载《国际民间组织合作论坛》，2001年第4期。

103.卡罗·安·特德，《政府与非政府组织的关系：可能性与风险》，载《国家行政学院学报》，2000年第5期。

1047.肯尼思·沃尔兹：《全球化与治理》，载《国际论坛》，2001年第5期。

105.李文：《关于亚洲非政府组织发展的几个问题》，载《当代亚太》，2000年第4期。

106.刘贞晔，《国际政治视野中的全球市民社会——概念、特征和主要活动内容》，载《欧洲》，2002年第5期。

107.沈奕斐，《超越国界：国际非政府组织的政治行为研究》，载包霞琴、苏长和主编：《国际关系研究：理论、视角与方法》，文汇出版社，2002年版。

108.施雪琴：《菲律宾的非政府组织发展及其原因》，载《南洋问题研究》，2002年第1期。

109.斯·马克斯：《正在出现的人权》，载《法学译丛》，1982年第2期。

110.王名：《NGO及其在扶贫开发中的作用》，载《清华大学学报》（哲学社会科学版），2001年第1期。

111.王轩彦：《日本人权外交浅析》，载《国际观察》，1997年第3期。

112.王逸舟：《国际政治中的"非政府组织"》，载《东方》，1995年第5期。

113.阎学通：《和平的性质》，载《世界经济与政治》，2002年第8期。

114.远藤贡：《"市民社会"论——全球适用的可能性与问题》，载《国际问题》，2000年10月号。

115.张亚中：《全球治理：主体与权力的解析》，载《问题与研究》（台湾），2000年7—8月号。

116.赵黎青：《非政府组织与联合国体系》，载《欧洲》，1999年第5期。

117.赵黎青：《西方发展援助中的新正统理论》，载《国际经济合作》，1998年第11期。

118.郑启荣：《试论非政府组织与联合国的关系》，载《外交学院学报》1999年第1期。

119.中国科学院印度扶贫考察团：《印度扶贫考察报告》，载<中国农村经济》1998年第9期。

120.《联合国可持续发展21世纪议程》

121.《联合国年鉴》1946—1947年（英文）

122.《联合国年鉴》1947—1948年（英文）

123.《联合国年鉴》1951年（英文）

124.《联合国年鉴》1954年（英文）

125.《联合国宪章》

126.《社会团体登记管理条例》，《中华人民共和国国务院令》第250号。

127.《世界劳工联合会章程》（STATUTES OF THE WCL），见该组织网站（www.WCL.ORG）。

128.《中国红十字会章程》，CROSS.ORG.CN）。

129.1993年6月7日经济及社会理事会第63号文件《非政府组织委员会报告》。

130. 安全理事会1946年2月16 EI决议，摘自《联合国年鉴》1946—1947年，（New York：United Nations，1947）.

131. 联合国经济及社会理事会1996/1931号决议

132. 联合国文件A/53/170号，10 MY 1998，3.

133.《国际工会运动知识手册》，中国工人出版社，1993年版。

134.《世界知识年鉴》（1992/93），世界知识出版社，1993年版。

135.《中国大百科全书·法学》，中国大百科全书出版社，1984年版。

136. 中华人民共和国外交部政策研究室编：《中国外交》，世界知识出版社，2002年版。

英文部分

1. Amnesty Intemati. nal, Amnesty International Report 2002, London: The Aldens Press, 2002.

2. Anheier.Helmut et a1.eds., Global Civil Society 2001, Oxford: Oxford University Press, 2001.

3. Barry, John and E.Gene Frankland, eds., International Encyclopedia of Environmental mental Politics, London: Routledge, 2002.

4. Bennett, A.LeRoy, International Organizations: Principles and Issues, 5th ed, Englewood Cliffs, N.J.: Prentice Hall, 1991·

5. Boli, John and George M.Thomas, eds., Constructing World Culture:

International Nongovernment Orgnizations since 1875, Stanford: Stanford University Press, 1999.

6. Bull, Hedley, The Anarchical Society, New York: Columbia University Press, 1977.

7. CarlsnaeS. Walteret al. eds., Handbook of International Relations, London: Sage Publications, 2002.

8. Chasek. Pamela S., ed., The Global Environment in the Twenty-first Century:

9. Prostects for international cooperation, Tokyo, New Youk: United Nations University Press, 2000.

10. Chiang, Pei-heng, Non-Governmental Organizations at the United Nations: Identity,Role and Function,

11. Clark Ann Marie, Diplomacy of Conscience: Amnesty International and Changing Human Rights Norms, Princeton, N.J.: Princeton Universitv Press, 2001.

12. Cohen, Jean and Andrew Arato, Civil Society and Political Theory, Cambridge, MA: MIT Press, 1992.

13. Deutsch, Karl et al., Political Community and the North Atlantic Area: International Organization in the Light of Historical Experience, Princeton: Princeton University Press, 1957.

14. Donnelly, Jack, International Human Rights, 2nd ed., Colorado: Westview Press, 1998.

15. Doyle, Timothy and Doug McEachern, eds., Environment and Politics, 2nd ed. London: Routledge, 2001.

16. Feld, Werner J.and Robert S.Jordan with Leon Hurwitz, International Organizations: A Comparative Approach, 3rd ed., New York: Praeger, 1994.

17. Florini, Ann M., ed., The Third Force: The Rise of Transnational Civel Society, Copublished by the Japan Center for International Exchange, Tokyo, and the Carnegie Endowment for International Peace, Washington, D.C., 2000.

18. Hogenboom, Barbara, Mexico and the NAFTA Environment Debate: The Transnational Politics of Economic Integration, Utrecht, the Netherlands: International Books, 1998.

19. International Committee of the Red Cross (ICRC) , Anti—Personnel Landmines Friend or Foe? A Study of the Military Use and Effectiveness of Anti-personnel Mines, Geneva: ICRC, 1996.

20. Jacoboson, Harold K., Networks of Interdependence: Internatoional Organizations and the Global Political System, New York: Alfred A.Knopf, Inc, 1984.Keck, Margaret and Kathryn Sikkink, Activists Beyond Bordes: Advocacy Net works in International Relations, Ithaca, N.Y.: Cornell University Press. 1998.

21. Keohane, Robert O.and J. S. Nye, Jr., eds., Trasnational Relations and World Politics, Cambridge, MA: Harvard University Press, 1971.

22. Koek, Karin E., ed., Encyclopedia of Associations: International Organizations, Detroit, Mich.: Gale Research, 1989.

23. Korey, William, NGOs and the Universal Declaration of Human Rights: a CuriOUS Grapevine, New York: St.Martin' s Press, 1998.

24. Korten, David, Getting to the 21 st Century: Voluntary Action and GlobalAgenda, West Hartford: Kumarian Press, 1 990.

25. Krasner, Stephen D., ed., International Regimes, Ithaca, N.Y.: Cornell University Press, 1983.

26. Nye, Joseph S.and John D.Donahue, eds., Governance in a Globalizing World, Washington, D.C.: Brookings Institution Press, 2000.

27. PapadakisPapadakis, lim, Historical Dictionary of the Green Movement, Lanham, Md: Scarecrow Press, 1998.

28. Pearson.Frederic S.and J.Martin Rochester, International Relations, the Global Condition in the late Twentieth Century, 2nd ed., New York: Random House, 1988.Peck, Connie, Sustainable Peace: the Role of the UN and Regional Organizations in Preventing Conflict, Lanham, Md.: Rowman&Littlefield Publishers, INC.,1998

29. Princen.Thomas and Matthias Finger, Environmental NGOs in World Politics: Linking the Local to the Global, London and New York: Routledge, 1994.

30. Risse-Kappen, Thomas, ed., Bring Transnational Relations Back in, Oxford: Oxford University Press, 1995.

31. Salamon.Lester M. and Helmut K.Anheier, The Emerging Nonprofit Sector: An Overview Manchester: Manchester University Press, 1995.

32. Salamon, Lester M.and Helmut K.: Anheier, eds., Defining the Non—profit Sector: A Crass—NATIONAL Analysis, Manchester: Manchester University Press, 1997.

33. Salmon. Trevor C., ed., Issues in International Relations, London: Routledge, 2000.

34. Smith, Jackie, Charles Chatfield and Ron Pagnucco, eds., Transnational Social Movements and Global Politics: Solidarity Beyond the State, New York Syracuse University Press, 1997.

35. Trzvna, Ted, ed., World Directory of Environmental Organizations, 6th ed, ·, Sacramento.CA: California Institute of Public Affairs, 2001.

36. Union of Intemational Associations. Yearbook of International Associations, Brussels: Union of International Associations.

37. Union of International Associations, Yearbook of International Organizations, Brussels: Union of International Associations.

38. United Nations, Yearbook of United Nations, New York: United Nations·United Nations Development Programme, Human Development Report 1993, Oxford: Oxford University Press, 1 993.

39. U.S.State Department, Hidden Killers: The Global Problem with Uncleared Landmines, Washington, D.C.: U.S.State Department, 1993.

40. Wapner, Paul Kevin, Environmental Activism and World Civic POlitice Buffalo: State University of New York Press, 1995.

41. Weisbrod, Burton A., ed., To Profit or Not to Profit, The Commercial

Transformation of the Nonprofit Sector., New York: Cambridge University Press, 1998.

42. Weiss, Thomas and Leon Gordenker, eds., NGO, the UN, and Global Governance, London: Lynne Rienner Publishers, 1996.

43. Welch, Claude E., ed., NGOs and Human Rights: Prmise and Performance, Philadelphia: University of Pennsylvania Press, 2001.Williams, Douglas, The Specialized Agencies and the United Nations: the System in Crisis, : New York: St.Martin's Press, 1987.

44. Willetts, Peter, ed., "The Conscience ofthe World": The Influce of NGOs in the UN&stem, London: Hurst and Company, 1996.

45. Willetts, Peter, ed., Pressure Groups in the Global System: The Transnational Relations of Issue-Oriented Non—Governmental Organization London: Pinter, 1982.

46. Wirsing, Robert, Socialist Society and Free Enterprise Politics: A Study of Voluntary Association in Urban India, Durham ITC: Carolina Academic Press.1977

47. World Bank, The World Bank Annual Report 1993, Washington DC.: World Bank, 1993.

48. Adams, Barbara, "The People's Organizations and the UN: NGOs in International Civil Society", in Erskine Childers, ed., Challenges to the United Nations: Building a Safer World, London: St.Martin's PreSs.1994.

49. Anheier, Helmut K., ".An Elaborate Network: Profiling the Third Sector in Germany", in Benjamin Gidron, et al., eds., Government and the Third Sector: Emerging Relationships in Welfare States, San Francisco: Jossy—Bass, 1992.

50. Armstrong, J.D., "The International Committee of the Red Cross and Political Prisoners".International Organization, V01.39, Issue 4, Autumn 1985.

51. Awad, Ibrahim, "The external relations of the Arab human rights movement", Arab Studies Quarterly, Winter 1997.

52. BirreU.Derek and Arthur Williamson, "The Voluntary.Community Sector and Political Development in Northern Ireland, Since 1972", Voluntas: International Journal of Voluntary and Nonprofit Organizations, V01.12, No.3, September 2001.

53. Boli, John and George Thomas, "World Cu.1ture in the World Polity: a century of international non.governmental organizations", American Sociological Review, V01.62, No.2, 1997.

54. Bramble, J.and G.Poter, "Non—Governmental Organizations and the Making 0f US International Environmental Policy", in A.Hurrell and B.Kingsbury, eds..International Politics of the Environment, Oxford: Oxford University Press, 1992.

55. Brett, Rachel, "The Role and Limits of Human Rights NGOs at the United Nations", Political Studies, V01.43, Issue 4, Special Issue 1995.

56. Buerganthai, Thomas and Judith V.Torney, "Expanding the International Human Rights Research Agenda", International Studies Quarterly, Volume 23, Issue 2.Special Issue on Human Rights: International Perspectives, Jun. 1979.

57. Carother, Thomas, "Civil Society", Fordgn Policy, No.1 17, Winter 1999—2000.

58. Cemy, Philip, "Globalization and the Changing Logic of Collective Action", International Organization, Winter 1995.

59. Chamovitz, Steve, "Two Centuries of Participation: NGO and International Governance" .Michigan Journal of International Law, V01.18, No.2, Winter 1997.

60. Clark, Ann Marie, "Non—governmental Organizations and Their influence on International Society", Journal ofInternational Affairs, Vol.48, No.2, Winter 1995.

61. Clark, Ann Marie, et a1., "The Sovereign Limits of Global Civil Society: A Comparison of NGO Participation in UN World Conferences on the Environment, Human Rights, and Women", World Politics, V01.5 1, October

1998.

62. Cooley, Alexander and James Ron, "The NGO Scramble: Organizational Insecurityand the Political Economy of Transnational Action", International Security, V01.27, No.1, Summer 2002.

63. Cox, Robert W., "Civil Society at the Millennium: Prospects for an Alternative World Order", Review of International Studies, V01.25, 1999.

64. Damrosch, Lori Fisler, "Politics Across Borders: Nonintervention and Nonforcible Influence over Domestic Mfairs", American Journal of International Law, V01.83, Issue 1, Jan.1989.

65. Donini, Antonio, "The Bureaucracy and the Free Spirits: Stagnation and Innovation in the Relationship between the UN and NG0s", Third, NGOs World Quarterly, V01.16, Issue 3, 1995.

66. Donnelly, Jack, "International Human Rights: A Regime Analysis", International Organization, V01.40, 1986.

67. Durning, Alan B., "People Power and Development", Foreign Policy, No.76, Fall 1989.

68. Falk, Richard, "The Pursuit of International Justice: Present Dilemmas and An Imagined Future", Journal of International Affairs, V01.52, No.2, Spring 1999.

69. Falk, Richard, "Global Civil Society and the Democratic Prospects, " in Barry Hold— an, ed., Global Democracy: Key Debates, London: Routledge, 2000.

70. Finkelstein, Lawrence, "What is Global Governance? " Global Governance, V01.1, No.3, Sept.—Dec.1995.

71. Finnemore, Martha and Kathryn Sikkink, "International Norm Dynamics and Po litical Change", International Organization, V01.52, No.4, Autumn 1998.

72. Fisher, Julie, "Third Wodd NGOs", Environment, V01.36, Issue 7, Sept. 1994.

73. Forsythe, David, "The Red Cross as a Transnational Movement: Conserving and Changing the Nation-State System", International Organization, V01.30, 1976.

74. Gaer, Felice D., "Reality Check: Human Rights Non—governmental Organizations Confront Governments at the United Nations", Third World Quarterly, V01.16, Issue 3, Sept.1995.

75. Gideon, Jasmine, "The politics of social service provision through NGOs: A study of Latin America", Bulletin ofLatin American Research, V01.17, Issue 3, Sept.1998.

76. Haas, Peter M., "Introduction: Epistemic Communities and International Policy Coordination", International Organization, V01.46, No.1, 1992.

77. Lewis, David, "Development NG0s and the Challenge of Partnership: Changing Relations between North and South", Social Policy and Administration, Vol.32, Issue 5, Dec.1998.

78. Lingscheid, Rainer, "From Consultation to Participation: Non—Governmental Organizations and the United Nations", The Ecumencial Review, V01.47, No. 3, July 1995.

79. Lipschutz, Ronnie D., "Reconstructing World Politics: The Emergence of Global Civil Society", Millennium, v01.21, No.3, 1992.

80. Livemash, R., "The Growing Influence of NGOs in the Developing World", Environment, V01.34, Issue 5, Jun.1992.

81. North, Douglas C., "The New Institutional Economics And Third World Development", in John Harriss, Janet Hunter and Colin M.Lewis, eds., The New Institutional Economics&The Third World, London, New York: Routledge, 1995.

82. Korten, David, "Third Generation NG0 Strategies: A Key to People—Centred Development", World Development, V01.15 (suppl.) .Koskenniemi, Mart, "The Future of Statehood", Harvard International Law Review, Spring 1991.

83. Marsiaj, Caroline Schawitter, "The role of INGOs in the protection of

human rights refugees", Migration World Magazine, Sept—Oct.1997

84. Mathews, Jessica T., "Power Shift", Foreign Affairs, V01.76, No.1, Jan./ Feb.1997.

85. Meron, Theodor and Allan Rosas, "A Declaration of Minimum Humanitarian Standards", American Journal of International Law, V01.85, Issue 2, April 1991.

86. Paul, James, "NGOs, Civil Society and Global Policy Making", URL: http: // www.globalpolicy.org/ngos/james.htm.Mawlawi, Farouk, "New Conflicts, New Challenges: The Evolving Role for NonGovernmental Actors", Journal of International Affairs, V01.46, Winter 1993.

87. Meyer, William H.and Byoka Stefanova, "Human Rights, the UN Global Compact, and Global Governance", Cornell International Law Journal, V01.34, 2001.

88. Natsios, Andrew S., "NGOs and the UN System in Complex Humanitarian Emergencies: Conflict or Cooperation? " Third World Quarterly, V01.16, Issue 3, 1995.

89. Nettl, J.P., "The State as a Conceptual Variable", World Politics, V01.20, 1968.

90. Otto, Dianne, "Non—governmental Organizations in the United Nations System: the Emerging Role of International Civil Society", Human Rights Quarterly, V01.18, No.1, February, 1996.

91. Pace, William R., "Globalizing Justice: NG0s and the Need for an International Crime Court", Harvard International Review, Spring 1 998.

92. Perrault, Michele, "NGOs Role in Promoting a Better World", URL=http: //english.Kfem.or.kr/international/east/0111/Perrault.doe.Rice, Andrew E.and Cyril Ritchie, "Relationships between International Non—governmental Organizations and the United Nations: A Research and Policy Paper URL=http: // www.uia.org.

93. Ritchie, Cyril, "Coordinate Cooperate Harmonise NGO Policy and

Operational Conditions", Third World Quarterly, g01.16, Issue 3, 1995.

94. Rosenau, James N., "Governance in the Twenty—first Century", Global Gover. nance, V01.1, No.1, Winter 1995.

95. Ruggie, John G., "What Makes the W0rld Hang Together? Neo-utilitarianism and the Social Constructivist Challenge", International Organization, V01.52, No.4, Autumn 1998.

96. Salamon, L.M., "The Rise of the Nonprofit Sector", Foreign Affairs, V01.73, No.4, Jul./Aug.1994.

97. Senarclens, Pierre de, "Governance and the Crisis in the International Mechanisms of Regulation", International Social Science Journal, No.155, March 1998.

98. Shelley, Becky, "Political Globalization and the Politics of International Non—governmental Organizations: The Case of Village Democracy in China", Australian Journal ofPolitical Science, V01.35, No.2, July 2000.

99. Shepherd, George W., "Protecting Human Rights in Mrica: Strategies and Roles of Non—Governmental Organizations", Africa Today, Oct.—Dec.1996.

100. Skjelsbaek, Kiell, "The Growth of International Non—governmental Organizations in the Twentieth Century", International Organization, VoJ.25, 1971.

101. Simmons, P.J., "Learning to Live with NGO", Foreign Policy, No.112, Fall 1998.

102. Smith, Jackie, "Transnational Political Processes and the Human Rights Movement", Research in Social Movements, Conflicts&Change, V01.18, 1995.

103. Smith, Jackie, Ron Pagnucco and George A.Lopez, "Globalizing Human Rights: The Work of Transnational Human Rights NGOs in the 1990s". Human Rights Quarterly, V01.20, 1998.

104. Sollis, Peter, "Partners in development? The State, Non—

governmental Organizations and the UN in Central America", Third World Quarterly, V01.16 Issue 3, 1995.

105. Thakur, Ramesh, "Human Rights: Amnesty International and the United Nations", Journal of Peace Research, V01.31, Issue 2, May 1994.

106. Tuijl, Peter van, "NGOs and Human Rights: Sources of Justice and Democracy", Journal ofInternational Affairs, Spring 1999.

107. Walt, Stephen M., "The Renaissance of Security Studies", International Studies Quarterly, v01.35, June 1991.

108. Waltz, Kenneth N., "Globalization and Governance", Politics Science and P0litics, Dec.1999.

109. Waltz, Kenneth N., "Structural Realism after the Cold War", International Secu rity, V01.25, No.1, Summer 2000.

110. Wapner, Paul. "Politics Beyond the State: Environmental Activism and Word Civic Politics", World Politics, April 1 995.

111. Wapner, Paul, "The Normative Promise of Nonstate Actors: A Theoretical Account of Global Civil Society", in Paul Wapner and Lester Ruiz, eds., Principled World Politics: The.Challenge of Normative International Relations, Lanham, Md.: Rowman&Littlefield Publishers, 2000.

112. Wmver, Ole, "The Rise and Fall of the Inter-paradigm Debate", in Steve Smith eta1., eds., International Theory: Positivism and Beyond, Cambridge: Cambridge University Press, 1996.

113. Weissbrodt, David, "The Contributiontions to the Protection of Humanof International Nongovernmental OrganizaRights", Human Rights Quarterly, V01. 2, 1984.

114. Weissbrodt, David, "Humanitarian Law in Armed Conflict: The Role of International N0ngovernmental Organizations", Journal of Peace Research, Vol.24 Issue 3, pecial Issue on Humanitarian Law of Armed Conflict, Sept.1 987.

115. Wiseberg, Laurie S., "Protecting Human Rights Activists and NGOs: What More can be Done? " Human Rights Quarterly, Nov.1991.

116. Zurn, Michael, "The Rise of International Environmental Politics: A Review of Current Research",World Politics, July 1998.

网址

1. 联合国网站http://www.un.org

2. 世界银行网站http://www.worldbank.org

3. 公司观察网站http://www.corporatewatch.org

4. CTC网站http:///www.citizenstrade.org

5. OWINFS网站http://www.owinfs.org

6. 国际禁雷运动组织网站http://www.icbl.org

7. 明爱组织网站http://www.caritas.org

8. 中国民促会网站http://www.cango.org

9. 香港乐施会网站http://www.oxfam.hk

10. 中国援助信息网http://www.yuanzhu.org

11. 联合国开发计划署网站http://www.unep.org

12. 绿色和平组织网站http://www.greenpeace.org

13. 大赦国际网站http://www.amnesty.org